会社別就活ハンドブックシリーズ

2025

NTTドコモの
就活ハンドブック

就職活動研究会 編
JOB HUNTING BOOK

はじめに

2021年春の採用から，1953年以来続いてきた，経団連（日本経済団体連合会）の加盟企業を中心にした「就活に関するさまざまな規定事項」の規定が，事実上廃止されました。それまで卒業・修了年度に入る直前の3月以降になり，面接などの選考は6月であったものが，学生と企業の双方が活動を本格化させる時期が大幅にはやまることになりました。この動きは2022年春そして2023年春へと続いております。

また新型コロナウイルス感染者の増加を受け，新卒採用の活動に対してオンラインによる説明会や選考を導入した企業が急速に増加しました。採用環境が大きく変化したことにより，どのような場面でも対応できる柔軟性，また非接触による仕事の増加により，傾聴力というものが新たに求められるようになりました。

『会社別就職ハンドブックシリーズ』は，いわゆる「就活生向け人気企業ランキング」を中心に，当社が独自にセレクトした上場している一流・優良企業の就活対策本です。面接で聞かれた質問にはじまり，業界の最新情報，さらには上場企業の株主向け公開情報である有価証券報告書の分析など，企業の多角的な判断・研究材料をふんだんに盛り込みました。加えて，地方の優良といわれている企業もラインナップしています。

思い込みや憧れだけをもってやみくもに受けるのではなく，必要な情報を収集し，冷静に対象企業を分析し，エントリーシート作成やそれに続く面接試験に臨んでいただければと思います。本書が，その一助となれば幸いです。

この本を手に取られた方が，志望企業の内定を得て，輝かしい社会人生活のスタートを切っていただけるよう，心より祈念いたします。

就職活動研究会

Contents

第1章

NTTドコモの会社概況

会社によって選考方法は千差万別。面接で問われる内容や採用スケジュールもバラバラだ。採用試験ひとつとってみても，その会社の社風が表れていると言っていいだろう。ここでは募集要項や面接内容について過去の事例を収録している。

また，志望する会社を数字の面からも多角的に研究することを心がけたい。

✔ 企業理念

私たちは「新しいコミュニケーション文化の世界の創造」に向けて、
個人の能力を最大限に生かし、お客様に心から満足していただける、
よりパーソナルなコミュニケーションの確立をめざします。

■ブランドビジョン

あなたと世界を変えていく。

私たちドコモは、すべてのお客さまにより便利で快適な生活をご提供するために
作ってきた土台の上に、より新しい生活、社会を創り上げていきたいと考えています。
それはドコモだけでめざすのではなく、あらゆる「あなた」と共に考え、
ドコモが培ってきたテクノロジーをオープンにし、挑戦したいという想いを
新ブランドスローガン「あなたと世界を変えていく。」に込めています。

■ブランドステートメント

ドコモがこれまでやってきたこと。
それは、世界を変えるための土台づくりでした。
日本中の人やモノや街や、あらゆるものが
高品質のネットワークでつながり合う。
私たちには、使う誰もが信じられる場を
つくりあげてきた、という自負があります。

いまこそ、この見えない土台の上に、
胸のときめく新しい生活や社会を、
つくりあげていくとき。
けれどそのすべてをドコモだけで
実現するのは、もちろん不可能です。

だから「あなた」と妄想したいのです。
企てたいのです。実現したいのです。
世界を驚かせるエンターテインメントを。
格差のない教育や医療のかたちを。
孤独という言葉がなくなる生活を。
0歳も100歳も、誰も取り残されることなく、
上機嫌で暮らせる街を。

テクノロジーをオープンに。
あなたと世界を変えていく。
それがドコモの新しい挑戦です。

✔ 会社データ

所在地	〒100-6150 東京都千代田区永田町2丁目11番1号 山王パークタワー 電話 03-5156-1111（代表）
営業開始日	1992年7月1日
資本金	949,679百万円（2023年3月31日現在）
従業員数	7,903名（当社グループ47,151名） （2023年3月31日現在）
主な事業内容	通信事業，スマートライフ事業，その他

✔ 仕事内容

コンシューマ通信事業

ビジネスデザイン職

サービスの企画開発や戦略・プロモーション等を通じて、未来のビジネスをデザインし、お客さまへ価値提供する

セールス職

エリアごとのマーケティング戦略を立案・実行し、リアルチャネルを通じてコンシューマのお客さまへドコモのモバイル・スマートライフサービスの新たな顧客体験を提供する。

スマートライフ事業

ビジネスデザイン職

コンシューマのお客さまへサービスの企画開発を通じて、新たな生活価値・ライフスタイルを提供する。

セールス職

d ポイント・d 払い加盟店とメーカー等のパートナー企業への営業活動・ビジネス推進を通じて新たな生活価値・ライフスタイルを提供する。

法人事業

ビジネスデザイン職

法人のお客さまの多様なニーズ・社会課題を読み取り、新サービスの企画やサービスプロモーションを通じて社会を発展させるソリューションを提供する。

ソリューションエンジニア

クラウド、ネットワーク、セキュリティ、アプリケーション、AI、IoT などの最先端技術を駆使して法人のお客さまへの新たな価値を提供する。

セールス職

法人のお客さまの課題やニーズに対する一歩先を行くソリューション提案を通じて、お客さまの経営課題解決やビジネスの発展に寄与する。

共通

プロダクト・サービスエンジニア

コンシューマや法人のお客さまへサービス・システムの開発・運用を通じて、社会・産業の構造変革や DX 支援を推進し、新たな生活価値・ライフスタイルを提供する。

AI エンジニア・データサイエンティスト

AI・データサイエンスを中心とした最先端の実用化研究 / 開発を行い、未来の"世界を変えていく"ための技術を提供し、データ分析を通じて事業成長に貢献する。

セキュリティエンジニア

最先端技術を活用してセキュリティサービス・システムの企画開発・運用を行い、サイバー攻撃などから企業を守り、安心安全を提供する。

ネットワーク・インフラエンジニア

最先端技術を活用して商用ネットワークの企画開発・運用を行い、いつでも、どこでも、何とでもつながる"あたりまえ"を国内外に提供する。

6G・IOWN エンジニア

ネットワーク・デバイスを中心とした最先端の実用化研究 / 開発を行い、未来の"世界を変えていく"ための技術を提供し、6G・IOWN 構想の実現に貢献する。

リーガル

法務観点から企業経営・サービス・ソリューション開発を支え、企業の成長に貢献する。

アカウンティング＆ファイナンス

財務観点から企業経営・サービス・ソリューション開発を支え、企業の成長に貢献する。

✔ 先輩社員の声

ahamo のブランディングで、若年層の新しいファンを創る

【コンシューマ通信事業／2016年入社】

現在の仕事内容

2021年3月から提供予定の新料金プラン「ahamo（アハモ）」を事業の企画段階から担当させてもらいました。現在はブランディングを担当しています。

事業立ち上げ時のミッションは、若年層に支持される新しい料金プランを検討すること。当初は限られたメンバーで立ち上げた事業で、私はリサーチ担当として、若年層がどんな志向でスマホを利用しているのかを徹底的に調査するところから着手しました。その結果、若年層は余計なサービスを排除した自由な使い方を好んでいることがわかりました。こうして誕生したのが、「20GB・2,980円（税込3,278円）※」というシンプルな料金プラン「ahamo」です。※2021年2月時点での金額です

料金プランの設計ができた後は、ahamoのブランド統括を担当しています。販売計画やWebサイト、広告制作物を作るにあたって、正しい認知拡大のための施策を検討するのが私の仕事。ahamoのサービス提供に向けてブランド育成を担っています。

仕事のやりがい

ahamoを作るきっかけは、ドコモユーザーのシェアが中高年層に比べて若年層が低いという状況があったからです。つまり、ahamoは10年後、20年後のドコモを考えた戦略の一の矢。そうした重要な事業の立ち上げやブランディングを任されている自覚があります。

ahamoの報道発表会でも、実務担当者として登壇者に抜擢され、社長と並んで会見で発表しました。実際に発表会の反響は凄まじく、Twitterトレンド1位になったり、メディアでも大きく取り上げられたりしたのは、うれしかったですね。

ドコモは、会社の方針に則っていれば、やりたいことを尊重してくれる会社です。年次にとらわれない大きな仕事を任されることも珍しくなく、裁量権のある仕事はやりがいもあります。自分が思ったことを形にして、世の中になにかインパクトのある発信をしたい人にとっては、ぴったりの会社だと思います。

オールドコモで、dポイント・d払いを
日本一のサービスにする

【セールス（スマートライフ）／2022年入社】
現在の仕事内容

カスタマーサクセス部の使命は、dポイント・d払いを日本一のサービスにすることです。そのなかでも私たちは法人の加盟店さまへの営業を担当し、約1億のアカウントデータを駆使しながら、加盟店さまの「若年層を集客したい」、「既存顧客のリピート率を上げたい」といった様々な課題解決に奔走しています。現在の私の担当は、映画館や小売店などの既存加盟店さまの支援。毎日のように加盟店さまの販促部やマーケティング部を訪問し、ユーザーの利用状況をはじめとした実績進捗管理とともに、その分析結果をもとに設計したキャンペーンや、ドコモのサービスを活用した広告・CRMなどのマーケティングソリューションを提案しています。販促・集客のパートナーとして、加盟店さまのビジネスやサービスの売上最大化に貢献することが私たちの重要なミッションです。

仕事のやりがい

キャンペーンによるユーザーの行動変容を数値で実感できることはセールスの醍醐味です。また、どんなアイデアもクライアントとの信頼関係なしに実現することはありません。ドコモでは、たとえ入社1年目であってもチームの一員として大きな案件を任され、チャレンジすることができます。加盟店さまの部長クラスの方と商談する際など、当初は「ドコモの代表」としての重圧を感じていたのですが、定例会などを通じて徐々に距離を縮めることができるようになり、最近では「いつもお会いできるのを楽しみにしています」、「次回の企画についてアドバイスをいただけますか」と仰っていただける関係性を築くことができるようになりました。大切なのは商材を売ることではなく、加盟店さまの課題に寄り添うこと。セールスはキャンペーンの提案から実施まで一貫して関わることができるため、加盟店さまと一緒に温めたアイデアがかたちになり、無事にユーザーに届けることができたときには、言葉にならないほどの達成感を味わうことができます。

今後チャレンジしたいこと

ドコモの強みのひとつは、膨大な顧客データを持っていることです。このデータから、某ハンバーガーチェーンとドーナツチェーンのユーザーに相関関係があることがわかり、自チームにて双方のクライアントと共同キャンペーンを実施したことがあります。この施策が功を奏し、加盟店さま同士の相互送客は成功。データ分析による見込み顧客の抽出が、加盟店さまの集客力に寄与できることを証明することができました。現在のdポイント加盟店数は約570社約880銘柄（2023年9月時点）に上ります。その中で得られた顧客データを活用し、ドコモグループの幅広いサービスと組み合わせ、自社メディアから送客を行えばより大きなインパクトを生み出すことができるはず。そう信じて、ドコモグループ全体のアセットを活用したソリューションに挑戦していきたいと思っています。

応募資格	2024年3月までに大学・大学院・専門・高専・短大を卒業（修了）見込み、もしくは卒業（修了）済みの方 ※学部・学科は不問 ※既卒も応募可能。就業経験を問わない
初任給	(1) 短大・専門・高専卒　232,000円 (2) 大学卒　250,000円 (3) 修士了　262,000円 (4) 博士了　336,940円 ※2023年3月1日時点 ※2023年4月入社より適用される金額であり、博士了はグレード4で採用した場合の金額、博士了以外はグレード6で採用した場合の金額です。
賞与	年2回（6月・12月）など
諸手当	リモートワーク手当、通勤手当、扶養手当 など
昇級	年1回
勤務地	NTTドコモグループの国内外の事業所 海外：アメリカ、ブラジル、イギリス、ドイツ、中国、フィリピン、シンガポール、韓国、台湾、タイ、ベトナム、グアム
勤務時間	9:30～18:00（標準勤務） ※ただし部署によりフレックスタイム制（1日の標準労働時間7.5時間）、交替勤務制あり
休日	週休2日制（4週につき8日）、国民の祝日、年末年始の休日（12月29日～1月3日）
休暇	年次有給休暇（年間20日、最大40日まで保有可）、ライフプラン休暇（リフレッシュ・介護・育児・ボランティアなど）、夏季休暇（3日）、特別連続休暇（2日）、結婚休暇、忌引休暇、病気休暇など
保険	社会保険（健康保険、厚生年金保険、雇用保険、労災保険）
健康管理	定期健康診断の実施（年に1回）、人間ドックの実施、社外カウンセリング窓口の開設、専門医への健康相談（M3PSP）など

住宅に関する諸制度	住宅補助費の支給、社宅の措置など
福利厚生	NTTベネフィット・パッケージ、dヘルスケア、確定拠出年金、企業年金基金、社員持株会、財形貯蓄制度、慶弔金など
出産・育児に関する諸制度	病気休暇（つわり）、妊娠中の通勤緩和措置、妊娠中、出産後の健康診査などにかかる措置、出産休暇（産前6週間、産後8週間）、看護休暇（パートナー出産時に5日まで）、育児休職、ライフプラン休暇（育児）、育児により退職した社員の再採用、育児のための短時間勤務、時間外勤務の免除・時間外勤務の制限・深夜業の制限など

✔ 採用の流れ （出典：東洋経済新報社『就職四季報』）

エントリーの時期	【総】3〜5月　【技】3〜4月
採用プロセス	【総・技】ES提出・適性検査（3〜5月）→選考（面接・複数回他，6月）→内々定（6月〜）
採用実績数	<table><tr><td></td><td>大卒男</td><td>大卒女</td><td>修士男</td><td>修士女</td></tr><tr><td>2022年</td><td>138 （文：129 理：9）</td><td>133 （文：110 理：23）</td><td>169 （文：5 理：164）</td><td>35 （文：5 理：30）</td></tr><tr><td>2023年</td><td>177 （文：139 理：38）</td><td>179 （文：146 理：33）</td><td>217 （文：7 理：210）</td><td>33 （文：4 理：29）</td></tr></table> ※2024年：590名採用予定
採用実績校	【文系】 慶應義塾大学，関西学院大学，静岡大学，同志社大学，早稲田大学，東京女子大学，東京理科大学，青山学院大学，広島大学，東京大学，名古屋大学，大阪大学　他 【理系】 公立はこだて未来大学，北海道大学，岩手大学，弘前大学，東北大学，お茶の水女子大学，茨城大学，横浜国立大学，慶應義塾大学，埼玉大学，山梨大学，芝浦工業大学，上智大学，青山学院大学，千葉大学　他

✔2023年の重要ニュース (出典：日本経済新聞)

■ NTTドコモ、軽量の眼鏡型VR端末 23年夏に試作機 (3/16)

NTTドコモは眼鏡型の仮想現実（VR）端末を開発する。まずは試作品として、小型・軽量の端末を2023年夏ごろに公開する。個人のほか、遠隔での作業支援など法人向けの用途も想定する。ネットワークや端末を組み合わせて顧客に提供できる体制を急ぐ。

NTTドコモグループでXR（クロスリアリティー）事業を手掛けるNTTコノキュー（東京・千代田）が開発する。まずは試作品を今夏に披露し、遠隔地にいる人と同じ図面や試作品を見ながら議論できるといった法人向けサービスと一緒に顧客に提案する。人口減少で労働力が不足するなか、技術の伝承といった需要も開拓する。

NTTコノキューの丸山誠治社長は「普段装着しても違和感のないほど自然なグラスを目指している」と話す。一般的なVR端末よりも小型で軽量化した端末にする。NTTが開発を進める次世代通信基盤「IOWN」により光電融合技術の半導体が普及すれば、さらなる小型化も可能だ。

ドコモは非通信分野の拡大をにらみ、NTTコノキューを22年秋に立ち上げた。3月2日までスペイン・バルセロナで開かれた世界最大のモバイル見本市「MWC」でも端末を通してデジタルで描写した猫が現実空間を動き回るように見える技術などをアピールした。

■ NTTドコモ、吉本興業と業務提携 エンタメ事業で(4/26)

NTTドコモと吉本興業ホールディングス（HD）は、エンターテインメント事業で業務提携した。ドコモが持つ会員基盤や映像メディアと、吉本のコンテンツなどを組み合わせてエンタメ事業の拡大を目指す。第1弾として、共同でオーディション番組の制作などに取り組む。

吉本興業HD傘下のFANY Studio（東京・新宿）が5月1日付でドコモを引受先とする第三者割当増資を実施し、社名を「NTTドコモ・スタジオ＆ライブ」に変更する。

NTTドコモ・スタジオ・ライブは3つの事業を主力とする。1つ目はオーディション番組の制作などの「映像コンテンツ制作事業」。吉本が持つコンテンツ制作のノウハウを生かし、ドコモの新しい映像メディア「Lemino」での独占配信コンテンツの拡大にもつなげていく。

2つ目は音楽などの「ライブ事業」。ドコモが運営に参画するアリーナなどで、イベントなどの開催も検討する。

3つ目は「アーティスト開発事業」で、オーディション番組で発掘したアーティストを育成・マネジメントする。ドコモが保有する約9300万人の会員基盤を生かすことで、アーティストのファンを拡大する。

■ NTTドコモ、NTTレゾナントを吸収合併（5/25）

NTTドコモは25日、子会社で主に消費者向け事業を手掛けるNTTレゾナント（東京・千代田）を7月1日付で吸収合併すると発表した。営業やサービス開発をドコモにまとめて効率化する。個人向けインターネット接続サービス「OCN」やポータルサイト「goo」などのレゾナントのサービスは、ドコモが継続して提供する。

レゾナントの従業員数は約500人で、人員削減は予定していない。千代田区にある本社オフィスは引き続き使用する。

レゾナントは25日、スマホアプリ・サイト開発者向けサービスの「Remote TestKit(リモートテストキット)」事業を7月1日から子会社のNTTレゾナント・テクノロジー（東京・千代田）に移管することも発表した。同社はドコモの子会社となる。

■ NTTドコモ、生成AIで業務効率化　社内で実験■（9/1）

NTTドコモグループ3社は生成AI（人工知能）を用いて社内業務を効率化する実証実験を始めたと発表した。独自開発した生成AIプラットフォームを活用して、回答の参照先を表示したり、機微な情報の流出を防ぐフィルタリング機能を備えたりすることで安全性を高めた運用ができるかどうかを確認する。2023年度中にプラットフォームを社外へ提供したい考え。

NTTコミュニケーションズ、NTTコムウェアと共同で実施している。ドコモが開発した生成AIプラットフォーム「LLM付加価値基盤」を使用する。今回の検証では大規模言語モデル（LLM）に社内マニュアルなどを学習させ、開発した基盤と連携した上で文章を作成する。例えば、業務における専門性の高い問い合わせに対し、社内ルールやマニュアルをベースにLLMが生成した文章で回答する。その際、回答の参照元を表示し、生成した回答の信頼性を示す。

まず社内の業務のみで実証を始めて回答の精度などを調べ、顧客対応への利用も検討していく。実証は12月まで。

✔ 就活生情報

> 面接の時間自体も短いため，質疑応答もテキパキと
> はっきり答えるようにしましょう。明るく答えるこ
> とは大事かと感じました

研究開発（R&D）2019卒

エントリーシート

・形式：マイページ上で
・内容：これまでに最も力を入れてきたこと，研究テーマ，入社後に携わりたい
研究開発テーマ，ここ最近（2016年以降）のNTT研究所が発表したニュー
スリリースで興味を持ったものがあれば　等

セミナー

・記載無し

筆記試験

・形式：Webテスト
・科目：計数・言語・性格。一般的なSPI形式のテストセンターで，人により
問題数は変動する

面接（個人・集団）

・質問内容：基本的にはプレゼンテーションに対する質問内容。プレゼンの内容
は，「研究内容・入ってからやりたいこと」と指定された。研究内容や対外発
表についての質問が6割程度，その後は「このような仕事には興味があるか？」
などの仕事内容について聞かれた

内定

・拘束や指示：承諾検討期間は特になし

● その他受験者からのアドバイス

・学会のような雰囲気だった。自分は多少笑いが生まれるなど和やかに進ん
だが，厳かな雰囲気でもあるので，受け答えやプレゼン次第で圧迫に感じ
ることもあると思う

就活は運や縁の要素が強いと思うが，自己分析や企業研究をしっかりすることで，その運や縁を最大限に引き寄せることができる

総合職 2016卒

エントリーシート

・形式：採用ホームページから記入
・内容：「大学時代において，これだけは誰にも負けないと自負できる取組は」「NTT東日本というフィールドで，何を実現したいか」など

セミナー

・選考とは無関係
・服装：リクルートスーツ
・内容：「企業説明」「社員との座談会」など

筆記試験

・形式：Webテスト
・科目：数学，国語，性格テストなど

面接（個人・集団）

・回数：1回
・質問内容：「なぜNTT東日本を選んだか」「なぜ通信業界を選んだか」「学生時代に頑張ったこと」「チームで何か成し遂げた経験は」「将来のキャリアビジョンは」「気になっている企業は」「好きな本は」など

内定

・通知方法：電話

エントリーシートは，キャリアセンターやOB・OG
に添削してもらった方が，格段に通過する確率が上
がると思う

総合職理系採用 2016卒

エントリーシート

・形式：採用ホームページから記入
・内容：「学生時代に頑張ったこと」「NTT東日本で成し遂げたいこと」など。

セミナー

・選考とは無関係
・服装：リクルートスーツ
・内容：「企業紹介」「新規ビジネスの考案」など

筆記試験

・形式：Webテスト
・科目：性格テストなど

面接（個人・集団）

・回数：1回
・質問内容：「志望動機」「入社後にやりたいこと」「研究内容」など

内定

・拘束や指示：他社選考の辞退を指示された
・通知方法：電話
・タイミング：予定より早い

自分の行動・気持ちの軸を見つけることができれば，面接でもぶれることなく臨むことができると思う

事務系総合職 2016卒

エントリーシート
・形式：採用ホームページから記入
・内容：内容は「自己PR」「入社してやりたいこと」「志望動機」など

セミナー
・選考とは無関係
・服装：リクルートスーツ
・内容：「若手社員との座談会」など

筆記試験
・形式：Webテスト
・科目：数学，国語，性格テストなど

面接（個人・集団）
・回数：2回
・質問内容：「自己PR」「入社してやりたいこと」「志望動機」「長所・短所」など

内定
・通知方法：電話

自己分析を徹底的に行い，達成したい夢やその中で自分が果たす役割などを明確にしてください。そうすれば必ず想いは伝わります

理系自由 2015卒

エントリーシート
・形式：採用ホームページから記入

セミナー
・選考とは無関係
・服装：リクルートスーツ

筆記試験
・形式：Webテスト
・科目：数学，算数／国語，漢字／性格テストだった。
・内容：TG-web

面接（個人・集団）
・雰囲気：和やか
・回数：1回
・質問内容：博士課程への進学は考えなかったのか，なぜ通信なのか，就職活動でどのように考え方が変化したか（志望業界について），など

グループディスカッション
・テーマ：「沈没した船の乗組員10人の中から誰を助けるか」

内定
・拘束や指示：他社の選考を辞退するよう指示された
・通知方法：電話

● その他受験者からのアドバイス
・自分を律したものが就活に勝ちます。誘惑に負けず，くじけずに頑張ってください
・情報収集が命運を握るといっても過言ではありません。アンテナを広く張っているようにしてください

チャンスをつかむためには行動力が重要です。リクルーターやサポーターの方々を含めて，ここの選考では素晴らしい出会いに恵まれました

総合職 2015卒

エントリーシート
・形式：採用ホームページから記入
・内容：周囲を巻き込んで取り組んだ挑戦，その際に困難だったことと克服した方法，東日本のフィールドでつくりたい未来，そのためにどう成長するか

セミナー
・選考とは無関係
・服装：リクルートスーツ

筆記試験
・形式：Webテスト
・科目：数学，算数／国語，漢字／性格テスト

面接（個人・集団）
・雰囲気：和やか
・回数：3回
・質問内容：基本的にはエントリーシートの内容に沿うもの。一部では圧迫に近い雰囲気だった人もいたようだが，私の場合は概ね和やかだった

グループディスカッション
・テーマ：企業の経営について

内定
・通知方法：電話

▶ その他受験者からのアドバイス
・就活はいろいろな業界を知るチャンスでもあります。さまざまなことに興味を持って，就活を楽しんでください

研究開発職 2014卒

エントリーシート

・形式：採用ホームページから記入
・内容：「研究テーマと意義」「入社後にやってみたい研究」「希望する研究開発の役割とその理由」「自己PR」

セミナー

・選考とは無関係
・服装：リクルートスーツ

筆記試験

・形式：Webテスト
・科目：数学，算数／国語，漢字／性格テストだった

面接（個人・集団）

・雰囲気：和やか
・回数：2回
・内容：一次はプレゼンテーション面談で学生1：面接官6。5分のプレゼン（事前にスライドを作成）と20分の質問だった。二次は選考面談で学生1：面接官5。時間は30分だった

研究職 2012卒

エントリーシート

・形式：採用ホームページから記入
・内容：「現在の研究テーマ名」「研究テーマの概要とそれを研究することの意義」
「入社後，または将来やってみたい研究開発テーマとその理由」「どのフェーズ
が一番活躍できると思うか」「自己PR」など

セミナー

・筆記や面接などが同時に実施される，選考と関係あるものだった。
・服装：リクルートスーツ着用。
・内容：研究所見学の質問態度や自己紹介も評価に入るらしい

筆記試験

・記載無し

面接（個人・集団）

・雰囲気：和やか
・回数：2回
・質問内容：一次は1：3の個人面接。5分のプレゼンもある。内容は研究で工
夫したこと，苦労したこと，なぜNTTでやりたいのかなど。最終は1：3の
個人面接。内容は自己紹介，研究について，挫折をどう乗り越えたか，NTT
の志望度など

✔ 有価証券報告書の読み方

01 部分的に読み解くことからスタートしよう

　「有価証券報告書（以下，有報）」という名前を聞いたことがある人も少なくはないだろう。しかし，実際に中身を見たことがある人は決して多くはないのではないだろうか。有報とは上場企業が年に１度作成する，企業内容に関する開示資料のことをいう。開示項目には決算情報や事業内容について，従業員の状況等について記載されており，誰でも自由に見ることができる。

　一般的に有報は，証券会社や銀行の職員，または投資家などがこれを読み込み，その後の戦略を立てるのに活用しているイメージだろう。その認識は間違いではないが，だからといって就活に役に立たないというわけではない。就活を有利に進める上で，お得な情報がふんだんに含まれているのだ。ではどの部分が役に立つのか，実際に解説していく。

■有価証券報告書の開示内容

　では実際に，有報の開示内容を見てみよう。

有価証券報告書の開示内容
第一部【企業情報】
第１【企業の概況】
第２【事業の状況】
第３【設備の状況】
第４【提出会社の状況】
第５【経理の状況】
第６【提出会社の株式事務の概要】
第７【提出会社の状参考情報】
第二部【提出会社の保証会社等の情報】
第１【保証会社情報】
第２【保証会社以外の会社の情報】
第３【指数等の情報】

有報は記載項目が統一されているため，どの会社に関しても同じ内容で書かれている。このうち就活において必要な情報が記載されているのは，第一部の第1【企業の概況】〜第5【経理の状況】まで，それ以降は無視してしまってかまわない。

第1【企業の概況】には役立つ情報が満載。そんな中，最初に注目したいのは，冒頭に記載されている【主要な経営指標等の推移】の表だ。

回次		第25期	第26期	第27期	第28期	第29期
決算年月		平成24年3月	平成25年3月	平成26年3月	平成27年3月	平成28年3月
営業収益	（百万円）	2,532,173	2,671,822	2,702,916	2,756,165	2,867,199
経常利益	（百万円）	272,182	317,487	332,518	361,977	428,902
親会社株主に帰属する当期純利益	（百万円）	108,737	175,384	199,939	180,397	245,309
包括利益	（百万円）	109,304	197,739	214,632	229,292	217,419
純資産額	（百万円）	1,890,633	2,048,192	2,199,357	2,304,976	2,462,537
総資産額	（百万円）	7,060,409	7,223,204	7,428,303	7,605,690	7,789,762
1株当たり純資産額	（円）	4,738.51	5,135.76	5,529.40	5,818.19	6,232.40
1株当たり当期純利益	（円）	274.89	443.70	506.77	458.95	625.82
潜在株式調整後1株当たり当期純利益	（円）	—	—	—	—	—
自己資本比率	（%）	26.5	28.1	29.4	30.1	31.4
自己資本利益率	（%）	5.9	9.0	9.5	8.1	10.4
株価収益率	（倍）	19.0	17.4	15.0	21.0	15.5
営業活動によるキャッシュ・フロー	（百万円）	558,650	588,529	562,763	622,762	673,109
投資活動によるキャッシュ・フロー	（百万円）	△370,684	△465,951	△474,697	△476,844	△499,575
財務活動によるキャッシュ・フロー	（百万円）	△152,428	△101,151	△91,367	△86,636	△110,265
現金及び現金同等物の期末残高	（百万円）	167,525	189,262	186,057	245,170	307,809
従業員数［ほか、臨時従業員数］	（人）	71,729 [27,746]	73,017 [27,312]	73,551 [27,736]	73,329 [27,313]	73,053 [26,147]

見慣れない単語が続くが，そう難しく考える必要はない。特に注意してほしいのが，**営業収益**，**経常利益**の二つ。営業収益とはいわゆる**総売上額**のことであり，これが企業の本業を指す。その営業収益から営業費用（営業費（販売費＋一般管理費）＋売上原価）を差し引いたものが**営業利益**となる。会社の業種はなんであれ，モノを顧客に販売した合計値が営業収益であり，その営業収益から人件費や家賃，広告宣伝費などを差し引いたものが営業利益と覚えておこう。対して経常利益は営業利益から本業以外の損益を差し引いたもの。いわゆる金利による収益や不動産収入などがこれにあたり，本業以外でその会社がどの程度の力をもっているかをはかる絶好の指標となる。

■会社のアウトラインを知れる情報が続く。

　この主要な経営指標の推移の表につづいて,「会社の沿革」,「事業の内容」,「関係会社の状況」「従業員の状況」などが記載されている。自分が試験を受ける企業のことを,より深く知っておくにこしたことはない。会社がどのように発展してきたのか,主としている事業はどのようなものがあるのか,従業員数や平均年齢はどれくらいなのか,志望動機などを作成する際に役立ててほしい。

03 事業の状況の注目ポイント

　第2となる【事業の状況】において,最重要となるのは**業績等の概要**といえる。ここでは1年間における収益の増減の理由が文章で記載されている。「○○という商品が好調に推移したため,売上高は△△になりました」といった情報が,比較的易しい文章で書かれている。もちろん,損失が出た場合に関しても包み隠さず記載してあるので,その会社の1年間の動向を知るための格好の資料となる。

　また,業績については各事業ごとに細かく別れて記載してある。例えば鉄道会社ならば,①運輸業,②駅スペース活用事業,③ショッピング・オフィス事業,④その他といった具合だ。**どのサービス・商品がどの程度の売上を出したのか**,会社の持つ展望として,今後**どの事業をより活性化**していくつもりなのか,などを意識しながら読み進めるとよいだろう。

■「対処すべき課題」と「事業等のリスク」

　業績等の概要と同様に重要となるのが,「**対処すべき課題**」と「**事業等のリスク**」の2項目といえる。ここで読み解きたいのは,その会社の**今後の伸びしろ**について。いま,会社はどのような状況にあって,どのような課題を抱えているのか。また,その課題に対して取られている対策の具体的な内容などから経営方針などを読み解くことができる。リスクに関しては法改正や安全面,他の企業の参入状況など,会社にとって決してプラスとは言えない情報もつつみ隠さず記載してある。客観的にその会社を再評価する意味でも,ぜひ目を通していただきたい。

　次代を担う就活生にとって,ここの情報はアピールポイントとして組み立てやすい。「新事業の○○の発展に際して……」,「御社が抱える●●というリスクに対して……」などという発言を面接時にできれば,面接官の心証も変わってくるはずだ。

最後に注目したいのが，第5【経理の状況】だ。ここでは，簡単にいえば【主要な経営指標等の推移】の表をより細分化した表が多く記載されている。この情報をすべて理解するのは，簿記の知識がないと難しい。しかし，そういった知識があまりなくても，読み解ける情報は数多くある。例えば**損益計算書**などがそれに当たる。

連結損益計算書

(単位：百万円)

	前連結会計年度 (自 平成26年4月1日 至 平成27年3月31日)	当連結会計年度 (自 平成27年4月1日 至 平成28年3月31日)
営業収益	2,756,165	2,867,199
営業費		
運輸業等営業費及び売上原価	1,806,181	1,841,025
販売費及び一般管理費	※1 522,462	※1 538,352
営業費合計	2,328,643	2,379,378
営業利益	427,521	487,821
営業外収益		
受取利息	152	214
受取配当金	3,602	3,703
物品売却益	1,438	998
受取保険金及び配当金	8,203	10,067
持分法による投資利益	3,134	2,565
雑収入	4,326	4,067
営業外収益合計	20,858	21,616
営業外費用		
支払利息	81,961	76,332
物品売却損	350	294
雑支出	4,090	3,908
営業外費用合計	86,403	80,535
経常利益	361,977	428,902
特別利益		
固定資産売却益	※4 1,211	※4 838
工事負担金等受入額	※5 59,205	※5 24,487
投資有価証券売却益	1,269	4,473
その他	5,016	6,921
特別利益合計	66,703	36,721
特別損失		
固定資産売却損	※6 2,088	※6 1,102
固定資産除却損	※7 3,957	※7 5,105
工事負担金等圧縮額	※8 54,253	※8 18,346
減損損失	※9 12,738	※9 12,297
耐震補強重点対策関連費用	8,906	10,288
災害損失引当金繰入額	1,306	25,085
その他	30,128	8,537
特別損失合計	113,379	80,763
税金等調整前当期純利益	315,300	384,860
法人税，住民税及び事業税	107,540	128,972
法人税等調整額	26,202	9,326
法人税等合計	133,742	138,298
当期純利益	181,558	246,561
非支配株主に帰属する当期純利益	1,160	1,251
親会社株主に帰属する当期純利益	180,397	245,309

　主要な経営指標等の推移で記載されていた**経常利益**の算出する上で必要な営業外収益などについて，詳細に記載されているので，一度目を通しておこう。

　いよいよ次ページからは実際の有報が記載されている。ここで得た情報をもとに有報を確実に読み解き，就職活動を有利に進めよう。

企業の概況

1　主要な経営指標等の推移

（1）　連結経営指標等 ·····································

回次		第34期	第35期	第36期	第37期	第38期
決算年月		2019年3月	2020年3月	2021年3月	2022年3月	2023年3月
営業収益	百万円	11,879,842	11,899,415	11,943,966	12,156,447	13,136,194
税引前利益	百万円	1,671,861	1,570,141	1,652,575	1,795,525	1,817,679
当社に帰属する当期利益	百万円	854,561	855,306	916,181	1,181,083	1,213,116
当社に帰属する当期包括利益	百万円	826,154	743,451	1,275,214	1,373,364	1,270,639
株主資本	百万円	9,264,913	9,061,103	7,562,707	8,282,456	8,561,353
総資産額	百万円	22,295,146	23,014,133	22,965,492	23,862,241	25,308,851
1株当たり株主資本	円	2,416.01	2,492.60	2,087.98	2,338.73	2,511.06
基本的1株当たり当社に帰属する当期利益	円	220.13	231.21	248.15	329.29	347.99
希薄化後1株当たり当社に帰属する当期利益	円	―	―	―	―	―
株主資本比率	％	41.6	39.4	32.9	34.7	33.8
株主資本当社に帰属する当期利益率	％	9.3	9.3	11.0	14.9	14.4
株価収益率	倍	10.7	11.1	11.5	10.8	11.4
営業活動によるキャッシュ・フロー	百万円	2,406,157	2,995,211	3,009,064	3,010,257	2,261,013
投資活動によるキャッシュ・フロー	百万円	△1,774,136	△1,852,727	△1,424,532	△1,699,152	△1,736,912
財務活動によるキャッシュ・フロー	百万円	△584,266	△1,041,261	△1,689,548	△1,438,130	△590,197
現金及び現金同等物の期末残高	百万円	946,134	1,033,574	935,727	834,564	793,920
従業員数〔外、平均臨時従業員数〕	人	307,894 〔62,805〕	319,039 〔51,787〕	324,667 〔47,149〕	333,840 〔44,343〕	338,651 〔43,002〕

（注）　1．株主資本には非支配持分は含まれていません。

　　　　2．希薄化後1株当たり当社に帰属する当期利益につきましては，希薄化効果を有している潜在株式が存在しないため記載していません。

　　　　3．1株当たり株主資本は自己株式を除く期末発行済株式数により，また基本的1株当たり当社に帰属する当期利益は自己株式を除く期中平均発行済株式数により算出しています。なお，当社は，第37期より役員報酬BIP（Board Incentive Plan）信託を導入しており，これに伴い1株当たり株主資

point **主要な経営指標等の推移**

数年分の経営指標の推移がコンパクトにまとめられている。見るべき箇所は連結の売上，利益，株主資本比率の3つ。売上と利益は順調に右肩上がりに伸びているか，逆に利益で赤字が続いていたりしないかをチェックする。株主資本比率が高いとリーマンショックなど景気が悪化したときなどでも経営が傾かないという安心感がある。

本及び基本的1株当たり当社に帰属する当期利益の算定上，当該信託が所有する当社株式を控除する自己株式に含めています。

4. 当社は，2020年1月1日を効力発生日として，普通株式1株につき2株の割合をもって株式分割を行っており，各連結会計年度の1株当たり株主資本，基本的1株当たり当社に帰属する当期利益について，当該株式分割調整後の数値を記載しています。

5. 従業員数は就業人員であり，臨時従業員数は〔 〕内に年間の平均人員を外数で記載しています。

6. 第35期より一部の海外子会社における従業員の集計対象を拡大しており，過年度の従業員数についても，これにあわせて再集計した結果を記載しています。

7. 第34期より国際会計基準（以下「IFRS」という。）に基づいて連結財務諸表を作成しています。

（2）　提出会社の経営指標等 ···

回次		第34期	第35期	第36期	第37期	第38期
決算年月		2019年3月	2020年3月	2021年3月	2022年3月	2023年3月
営業収益	百万円	750,741	649,740	794,074	650,116	1,324,225
経常利益	百万円	612,863	508,877	639,759	474,497	1,131,632
当期純利益	百万円	1,192,784	480,769	639,237	470,502	1,152,905
資本金	百万円	937,950	937,950	937,950	937,950	937,950
発行済株式総数	株	1,950,394,470	3,900,788,940	3,900,788,940	3,622,012,656	3,622,012,656
純資産額	百万円	5,222,248	4,845,260	5,176,630	5,012,166	5,194,125
総資産額	百万円	7,098,890	6,834,082	11,476,431	11,664,291	11,805,898
1株当たり純資産額	円	1,361.81	1,332.87	1,429.21	1,415.29	1,523.45
1株当たり配当額	円	180.00	95.00	105.00	115.00	120.00
（内1株当たり中間配当額）		(85.00)	(47.50)	(50.00)	(55.00)	(60.00)
1株当たり当期純利益	円	307.25	129.96	173.14	131.18	330.72
潜在株式調整後1株当たり当期純利益	円	—	—	—	—	—
自己資本比率	%	73.6	70.9	45.1	43.0	44.0
自己資本利益率	%	24.3	9.6	12.8	9.2	22.6
株価収益率	倍	7.7	19.8	16.4	27.0	12.0
配当性向	%	29.3	73.1	60.6	87.7	36.3
従業員数〔外、平均臨時従業員数〕	人	2,562 [65]	2,494 [74]	2,496 [76]	2,486 [74]	2,454 [82]
株主総利回り	%	99.7	112.7	127.8	161.2	183.1
（比較指標：配当込みTOPIX）	%	(95.0)	(85.9)	(122.1)	(124.6)	(131.8)
最高株価	円	5,448	5,705 □2,908	3,018	3,671	4,128
最低株価	円	4,050	4,528 □2,153	2,127	2,754	3,535

1. 潜在株式調整後1株当たり当期純利益につきましては，潜在株式が存在しないため記載していません。
2. 1株当たり純資産額は自己株式を除く期末発行済株式数により，また1株当たり当期純利益は自己株式を除く期中平均発行済株式数により算出しています。なお，当社は，第37期より役員報酬BIP信託を導入しており，これに伴い1株当たり株主資本及び基本的1株当たり当社に帰属する当期利益の算定上，当該信託が所有する当社株式を控除する自己株式に含めています。
3. 当社は，2020年1月1日を効力発生日とした普通株式1株につき2株の割合での株式分割を行っており，各事業年度の1株当たり純資産額，1株当たり当期純利益，及び第35期の1株当たり配当額，1株当たり中間配当額については，当該株式分割調整後の数値を記載しています。
4. 従業員数は就業人員であり，臨時従業員数は〔　〕内に年間の平均人員を外数で記載しています。
5. 最高・最低株価は2022年4月4日より東京証券取引所プライム市場におけるものであり，それ以前については東京証券取引所市場第一部におけるものです。
6. 第35期の最高・最低株価は2020年1月1日を効力発生日とした株式分割による権利落ち前の最高・最低株価，□印は権利落ち後の最高・最低株価を示しています。
7. 第34期より会計方針を変更しており，第33期に係る主要な経営指標等については，当該変更を遡って適用した後の指標となっています。
8. 従来，百万円未満を切り捨てて表示していましたが，第36期より四捨五入による表示へ変更しています。当該変更に伴い，第35期以前についても四捨五入へ組み替えて表示しています。

2　沿革

（1）　設立経緯 ・・

　1952年8月1日，日本電信電話公社法（1952年7月31日，法律第250号）に基づき，政府の全額出資により，日本電信電話公社（以下「公社」という。）が発足し，1985年4月1日，日本電信電話株式会社法（1984年12月25日，法律第85号）に基づき，公社財産の全額出資により当社が設立されました。当社は設立に際し，公社の一切の権利・義務を承継いたしました。

<u>日本電信電話のシンボルマーク「ダイナミックループ」</u>

　一本の曲線が表すものは，企業のダイナミズム。当社は創造と挑戦を繰り返し，絶え間なく自己革新を続けていきます。

　マーク上部における小さなループにより，常にお客さま・社会の声を，企業活動の原点として吸収し，広く社会の役に立っていこうとする当社の企業姿勢を表現しています。当社は，このマークのもと，競争と協調の中で，常に未来を考え，コミュニケーションを通じた人間味あふれる社会の実現に向け努力を続けていきます。

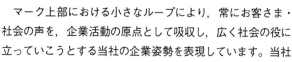

(point) **沿革**

　どのように創業したかという経緯から現在までの会社の歴史を年表で知ることができる。過去に行った重要なM＆Aなどがいつ行われたのか，ブランド名はいつから使われているのか，いつ頃から海外進出を始めたのか，など確認することができて便利だ。

(2) 沿革

1985年4月	・日本電信電話株式会社設立
1987年2月	・東京，大阪，名古屋，京都，広島，福岡，新潟，札幌の各証券取引所へ上場（現在は東京証券取引所のみ上場）
1988年7月	・当社データ通信事業本部に属する営業をエヌ・ティ・ティ・データ通信株式会社へ譲渡
1992年4月	・事業部制の見直し・徹底による長距離通信，地域通信の業務区分に対応した組織の改革の実施
1992年7月	・自動車電話・携帯電話・船舶電話・航空機公衆電話及び無線呼出しに関する営業をエヌ・ティ・ティ移動通信網株式会社へ譲渡
1992年12月	・電力及び建築・ビル管理業務を株式会社エヌ・ティ・ティファシリティーズに移管
1994年9月	・ニューヨーク証券取引所へ上場（2017年4月上場廃止）
1994年10月	・ロンドン証券取引所へ上場（2014年3月上場廃止）
1995年4月	・エヌ・ティ・ティ・データ通信株式会社が東京証券取引所へ上場
1995年11月	・普通株式1株を1.02株に分割する株式分割（無償交付）を実施
1997年9月	・当社ソフトウェア本部に属する営業をエヌ・ティ・ティ・コミュニケーションウェア株式会社へ譲渡
1998年8月	・エヌ・ティ・ティ・データ通信株式会社が，株式会社エヌ・ティ・ティ・データへ商号変更
1998年10月	・エヌ・ティ・ティ移動通信網株式会社が東京証券取引所へ上場（2020年12月上場廃止）
1999年7月	・当社を純粋持株会社とする再編成を実施 ・当社の事業のうち，県内通信サービス等の営業を全額出資子会社の東日本電信電話株式会社及び西日本電信電話株式会社に，県間通信サービス等を同じく全額出資子会社のエヌ・ティ・ティ・コミュニケーションズ株式会社に譲渡
2000年4月	・エヌ・ティ・ティ移動通信網株式会社が，株式会社エヌ・ティ・ティ・ドコモへ商号変更
2000年11月	・エヌ・ティ・ティ・コミュニケーションウェア株式会社が，エヌ・ティ・ティ・コムウェア株式会社へ商号変更
2002年3月	・株式会社エヌ・ティ・ティ・ドコモが，ロンドン証券取引所及びニューヨーク証券取引所へ上場（2014年3月ロンドン証券取引所上場廃止，2018年4月ニューヨーク証券取引所上場廃止）
2004年11月	・エヌ・ティ・ティ都市開発株式会社が東京証券取引所へ上場（2018年12月上場廃止）
2009年1月	・普通株式1株を100株に分割する株式分割を実施

(point) 事業の内容

　会社の事業がどのようにセグメント分けされているか，そして各セグメントではどのようなビジネスを行っているかなどの説明がある。また最後に事業の系統図が載せてあり，本社，取引先，国内外子会社の製品・サービスや部品の流れが分かる。ただセグメントが多いコングロマリットをすぐに理解するのは簡単ではない。

2013年10月	・株式会社エヌ・ティ・ティ・ドコモが，株式会社NTTドコモへ商号変更
2015年7月	・普通株式1株を2株に分割する株式分割を実施
2018年11月	・当社傘下に全額出資子会社であるNTT株式会社を創設し，エヌ・ティ・ティ・コミュニケーションズ株式会社，Dimension Data Holdings，株式会社エヌ・ティ・ティ・データ等を移管
2018年12月	・エヌ・ティ・ティ都市開発株式会社を完全子会社化
2019年7月	・当社傘下に全額出資子会社であるNTTアーバンソリューションズ株式会社を，エヌ・ティ・ティ都市開発株式会社及び株式会社NTTファシリティーズを傘下として創設 ・NTT株式会社の傘下に，全額出資子会社であるNTT Limited（以下「NTT Ltd.」という。）を創設し，NTT株式会社から，エヌ・ティ・ティ・コミュニケーションズ株式会社及びDimension Data Holdings等の海外事業を移管
2020年1月	・普通株式1株を2株に分割する株式分割を実施
2020年12月	・株式会社エヌ・ティ・ティ・ドコモを完全子会社化
2022年1月	・エヌ・ティ・ティ・コミュニケーションズ株式会社及びエヌ・ティ・ティ・コムウェア株式会社を株式会社エヌ・ティ・ティ・ドコモの傘下へ移管
2022年4月	・当社及び株式会社エヌ・ティ・ティ・データは東京証券取引所のプライム市場へ移行
2022年10月	・当社及び株式会社エヌ・ティ・ティ・データの共同出資による海外事業会社として，株式会社NTT DATA,Inc.を設立し，ビジネスユーザ向けグローバル事業を株式会社エヌ・ティ・ティ・データ傘下に集約

3　事業の内容

　NTTグループ（当社及び当社の関係会社）は，当社（日本電信電話株式会社），子会社918社及び関連会社145社（2023年3月31日現在）により構成されており，総合ICT事業，地域通信事業，グローバル・ソリューション事業を主な事業内容としています。

　なお，当社は，有価証券の取引等の規制に関する内閣府令第49条第2項に規定する特定上場会社等に該当しており，これにより，インサイダー取引規制の重要事実の軽微基準については連結ベースの数値に基づいて判断することとなります。

　連結子会社の事業内容及び当該事業に係る位置付けにつきましては，次のとおりです。

　なお，次の4事業は連結財務諸表「注記2.1．セグメント情報」に掲げるセグメ

ント情報の区分と同一です。

① **総合ICT事業**

当事業は，携帯電話事業，国内電気通信事業における県間通信サービス，国際通信事業，ソリューション事業，システム開発事業及びそれに関連する事業を主な事業内容としています。

（連結子会社）

株式会社NTTドコモ，エヌ・ティ・ティ・コミュニケーションズ株式会社，エヌ・ティ・ティ・コムウェア株式会社　他94社

② **地域通信事業**

当事業は，国内電気通信事業における県内通信サービスの提供及びそれに附帯する事業を主な事業内容としています。

（連結子会社）

東日本電信電話株式会社，西日本電信電話株式会社　他55社

③ **グローバル・ソリューション事業**

当事業は，システムインテグレーション，ネットワークシステム，クラウド，グローバルデータセンター及びそれに関連する事業を主な事業内容としています。

（連結子会社）

株式会社エヌ・ティ・ティ・データ，株式会社NTT DATA,Inc., NTT Ltd., Dimension Data Holdings, NTTセキュリティ株式会社, NTT America, NTT EUROPE, NTT Global Data Centers EMEA, NTT Cloud Communications International Holdings, NTT Global Data Centers Americas, NTT Global Networks, NETMAGIC SOLUTIONS, NTT Global Data Centers EMEA UK, NTT Managed Services Americas Intermediate Holdings, Transatel, Spectrum Holdings, NTT America Holdings Ⅱ, Dimension Data Commerce Centre, NTT DATA Americas, NTT DATA Services, NTT Data International, NTT DATA Europe & Latam　他602社

④ **その他（不動産，エネルギー等）**

不動産事業，エネルギー事業等が含まれています。

（連結子会社）

NTTアーバンソリューションズ株式会社, エヌ・ティ・ティ都市開発株式会社, 株式会社NTTファシリティーズ, NTTアノードエナジー株式会社, NTTファイナンス株式会社, エヌ・ティ・ティ・アドバンステクノロジ株式会社 他134社

(注) 本有価証券報告書では,「NTTドコモ」は株式会社NTTドコモ,「NTTコミュニケーションズ」はエヌ・ティ・ティ・コミュニケーションズ株式会社,「NTTコムウェア」はエヌ・ティ・ティ・コムウェア株式会社,「NTT東日本」は東日本電信電話株式会社,「NTT西日本」は西日本電信電話株式会社,「NTTデータ」は株式会社エヌ・ティ・ティ・データを示しています。

なお，事業系統図につきましては以下のとおりです。

事業系統図

お　客　様

NTTグループ

＜セグメント＞	＜主な事業内容＞	＜主な会社＞	
総合ICT事業	携帯電話事業、国内電気通信事業における県間通信サービス、国際通信事業、ソリューション事業、システム開発事業及びそれに関連する事業	㈱NTTドコモ	エヌ・ティ・ティ・コミュニケーションズ㈱ エヌ・ティ・ティ・コムウェア㈱
地域通信事業	国内電気通信事業における県内通信サービスの提供及びそれに附帯する事業	東日本電信電話㈱ 西日本電信電話㈱	
グローバル・ソリューション事業	システムインテグレーション、ネットワークシステム、クラウド、グローバルデータセンター及びそれに関連する事業	㈱エヌ・ティ・ティ・データ	㈱NTT DATA, Inc. NTT Ltd. Dimension Data Holdings NTTセキュリティ㈱ NTT America NTT EUROPE NTT Global Data Centers EMEA NTT Cloud Communications International Holdings NTT Global Data Centers Americas NTT Global Networks NETMAGIC SOLUTIONS NTT Global Data Centers EMEA UK NTT Managed Services Americas Intermediate Holdings Transatel Spectrum Holdings NTT America Holdings Ⅱ Dimension Data Commerce Centre NTT DATA Americas NTT DATA Services NTT Data International NTT DATA Europe & Latam
その他 （不動産、エネルギー等）	不動産事業、エネルギー事業等	NTTアーバンソリューションズ（株）	エヌ・ティ・ティ都市開発㈱ ㈱NTTファシリティーズ
		NTTアノードエナジー㈱ NTTファイナンス㈱ エヌ・ティ・ティ・アドバンステクノロジ㈱	

日本電信電話株式会社

4 関係会社の状況

名称	住所	資本金	主要な事業の内容	議決権の所有割合（%）	関係内容
（連結子会社） ㈱NTTドコモ ＊1 ＊2 ＊3 ＊4	東京都千代田区	百万円 949,680	総合ICT	100.00	同社は移動通信サービス及びスマートライフ領域サービスの提供を主な事業としています。 役員の兼任　無
エヌ・ティ・ティ・コミュニケーションズ㈱ ＊1 ＊2 ＊3	東京都千代田区	百万円 230,979	総合ICT	100.00 (100.00)	同社は県間・国際通信サービス及びソリューションの提供を主な事業としています。 役員の兼任　無
エヌ・ティ・ティ・コムウェア㈱ ＊3	東京都港区	百万円 20,000	総合ICT	100.00 (66.6)	同社は情報通信システム及びソフトウェアの開発・制作・運用・保守を主な事業としています。 役員の兼任　無
東日本電信電話㈱ ＊1 ＊2 ＊3	東京都新宿区	百万円 335,000	地域通信	100.00	同社は東日本地域における県内通信サービスの提供を主な事業としており、当社は同社に長期資金の貸付を行っています。 役員の兼任　無
西日本電信電話㈱ ＊1 ＊2 ＊3	大阪市都島区	百万円 312,000	地域通信	100.00	同社は西日本地域における県内通信サービスの提供を主な事業としており、当社は同社に長期資金の貸付を行っています。 役員の兼任　無
㈱エヌ・ティ・ティ・データ ＊1 ＊2 ＊3 ＊4 ＊5	東京都江東区	百万円 142,520	グローバル・ソリューション	57.76 (0.02)	同社はデータ通信システムサービス及びネットワークシステムサービスの提供を主な事業としています。 役員の兼任　無

名称	住所	資本金	主要な事業の内容	議決権の所有割合（％）	関係内容
㈱NTT DATA, Inc. *1	東京都江東区	百万円 340,051	グローバル・ソリューション	100.00 (55.00)	同社はNTTデータグループにおけるグローバル事業のガバナンス及び戦略策定、施策推進を主な事業としています。 役員の兼任　　有
NTT Ltd. *1 *2 *3	イギリス	万米ドル 827,157	グローバル・ソリューション	100.00 (100.00)	同社は法人向けITサービス、通信・インターネット関連サービスの提供を主な事業としています。 役員の兼任　　無
Dimension Data Holdings *1	イギリス	万米ドル 107,685	グローバル・ソリューション	100.00 (100.00)	同社は法人向けITシステムの基盤構築、保守等サポートを主な事業としています。 役員の兼任　　無
NTTセキュリティ㈱	東京都千代田区	百万円 39,468	グローバル・ソリューション	100.00 (100.00)	同社はセキュリティ専門サービスの提供を主な事業としています。 役員の兼任　　無
NTT America *1	アメリカ	万米ドル 332,857	グローバル・ソリューション	100.00 (100.00)	同社は北米におけるICTサービスの提供を主な事業としています。 役員の兼任　　無
NTT EUROPE	イギリス	ユーロ 117	グローバル・ソリューション	100.00 (100.00)	同社は欧州におけるICTサービスの提供を主な事業としています。 役員の兼任　　無

名称	住所	資本金	主要な事業の内容	議決権の所有割合（％）	関係内容
NTT Global Data Centers EMEA	ルクセンブルク	万ユーロ 40,321	グローバル・ソリューション	100.00 (100.00)	同社は欧州におけるデータセンター関連サービスの提供を主な事業としています。 役員の兼任　無
NTT Cloud Communications International Holdings	フランス	万ユーロ 17,341	グローバル・ソリューション	100.00 (100.00)	同社は音声・Web・ビデオ会議サービスの提供を主な事業としています。 役員の兼任　無
NTT Global Data Centers Americas	アメリカ	万米ドル 42,429	グローバル・ソリューション	100.00 (100.00)	同社は北米におけるデータセンター関連サービスの提供を主な事業としています。 役員の兼任　無
NTT Global Networks	アメリカ	万米ドル 51,353	グローバル・ソリューション	100.00 (100.00)	同社はネットワークサービスの提供を主な事業としています。 役員の兼任　無
NETMAGIC SOLUTIONS	インド	万印ルピー 1,661,093	グローバル・ソリューション	100.00 (100.00)	同社はインドにおけるデータセンター関連サービスの提供を主な事業としています。 役員の兼任　無
NTT Global Data Centers EMEA UK	イギリス	万英ポンド 9,300	グローバル・ソリューション	100.00 (100.00)	同社は英国におけるデータセンター関連サービスの提供を主な事業としています。 役員の兼任　無

名称	住所	資本金	主要な事業の内容	議決権の所有割合（％）	関係内容
NTT Managed Services Americas Intermediate Holdings＊1	アメリカ	万米ドル 71,427	グローバル・ソリューション	100.00 (100.00)	同社は北米におけるマネージドサービスの提供を主な事業としています。 役員の兼任　無
Transatel	フランス	万ユーロ 586	グローバル・ソリューション	100.00 (100.00)	同社はIoT向けモバイルコネクティビティサービスの提供を主な事業としています。 役員の兼任　無
Spectrum Holdings ＊1	英領 ヴァージン諸島	万米ドル 410,193	グローバル・ソリューション	100.00 (100.00)	同社はNTT Ltd.の一部欧米事業子会社の統括を主な事業としています。 役員の兼任　無
NTT America Holdings II ＊1	アメリカ	万米ドル 82,286	グローバル・ソリューション	100.00 (100.00)	同社は北米におけるICTサービスの提供を主な事業としています。 役員の兼任　無
Dimension Data Commerce Centre ＊1	マン島	万米ドル 78,267	グローバル・ソリューション	100.00 (100.00)	同社はNTT Ltd.の一部欧米事業子会社の統括を主な事業としています。 役員の兼任　無
NTT DATA Americas ＊1	アメリカ	万米ドル 576,221	グローバル・ソリューション	100.00 (100.00)	同社は北米におけるコンサルティング、システム設計・開発を主な事業としています。 役員の兼任　無

名称	住所	資本金	主要な事業の内容	議決権の所有割合（%）	関係内容
NTT DATA Services *1	アメリカ	万米ドル 211,429	グローバル・ソリューション	100.00 (100.00)	同社は北米におけるコンサルティング、システム設計・開発を主な事業としています。 役員の兼任　無
NTT Data International *1	アメリカ	万米ドル 577,542	グローバル・ソリューション	100.00 (100.00)	同社は㈱エヌ・ティ・ティ・データ北米事業子会社の統括を主な事業としています。 役員の兼任　無
NTT DATA Europe & Latam *1	スペイン	万ユーロ 86,673	グローバル・ソリューション	100.00 (100.00)	同社はコンサルティング、システム設計・開発を主な事業としています。 役員の兼任　無
NTTアーバンソリューションズ㈱ *1 *2 *3	東京都千代田区	百万円 108,372	その他	100.00	同社は街づくり事業に関する窓口及び街づくり関連情報の一元管理を主な事業としています。 役員の兼任　無
エヌ・ティ・ティ都市開発㈱	東京都千代田区	百万円 48,760	その他	100.00 (100.00)	同社は不動産の取得・開発・賃貸・管理を主な事業としています。 役員の兼任　無
㈱NTTファシリティーズ	東京都港区	百万円 12,400	その他	100.00 (100.00)	同社は、建築物・工作物に関わる設計・監理・保守を主な事業としています。 役員の兼任　無

名称	住所	資本金	主要な事業の内容	議決権の所有割合（％）	関係内容
NTTアノードエナジー㈱ ＊3	東京都港区	百万円 7,924	その他	100.00	同社はスマートエネルギーソリューションの提供及び電力設備に関わる設計・監理・保守を主な事業としています。 役員の兼任　　無
NTTファイナンス㈱ ＊3 ＊5	東京都港区	百万円 16,771	その他	100.00	同社は通信サービス等の料金の請求・回収及びクレジットカード決済サービスの提供を主な事業としています。 役員の兼任　　無
エヌ・ティ・ティ・アドバンステクノロジ㈱ ＊1 ＊3	東京都新宿区	百万円 5,000	その他	100.00	同社は技術移転、技術コンサルティング、システム設計・開発を主な事業としています。 役員の兼任　　無

(注) 1. 主要な事業の内容欄には，セグメントの名称を記載しています。

2. 議決権の所有割合欄の（　）内は，間接所有割合であり内数です。また，海外子会社の資本金は Additional paid-in capital（APIC）を含めています。

3. ＊1：特定子会社に該当しています。

4. ＊2：当期において，当社が行う基盤的研究開発の成果の使用に関して，当社と当該基盤的研究開発成果を継続的に利用する契約を締結し，当社の基盤的研究開発に関わる包括的な役務提供に対して対価を支払っています。

5. ＊3：当期において，連結決算対象会社のうち22社は，グループ会社相互の自主・自律性を尊重しつつ，グループ各社の利益を最大化することを目的としたグループ運営に関わる契約を当社と締結しており，当社のグループ経営の推進に関わる包括的な役務提供に対して対価を支払っています。

6. ＊4：売上高（連結子会社相互間の内部売上高を除く）の連結売上高に占める割合が100分の10を超えています。当該会社の主要な損益情報等については下表のとおりです。なお，（株）エヌ・ティ・ティ・データは有価証券報告書提出会社であるため，主要な損益情報等の記載を省略しています。

7. ＊5：有価証券報告書を提出しています。

8. 当連結会計年度の連結子会社は918社，関連会社（持分法適用会社）は145社です。

	主要な損益情報等				
	営業収益 （百万円）	経常利益 （百万円）	当期純利益 （百万円）	純資産額 （百万円）	総資産額 （百万円）
㈱NTTドコモ	4,704,710	986,670	777,306	6,294,359	9,367,638

5　従業員の状況

（1）　連結会社の状況 ···

セグメントの名称	従業員数（人）
総合ICT事業	47,151　〔5,869〕
地域通信事業	70,317　〔20,807〕
グローバル・ソリューション事業	195,106　〔10,683〕
その他（不動産、エネルギー等）	26,077　〔5,643〕
合計	338,651　〔43,002〕

（注）　従業員数は就業人員であり，臨時従業員数は〔　〕内に年間の平均人員を外数で記載しています。

（2）　提出会社の状況 ···

従業員数（人）	平均年齢（歳）	平均勤続年数（年）	平均年間給与（円）
2,454　〔82〕	41.9	16.8	9,717,213

セグメントの名称	従業員数（人）
その他（不動産、エネルギー等）	2,454　〔82〕
合計	2,454　〔82〕

（注）1.　平均年間給与は，基準内・基準外給与及び賞与を含めています。

　　　2.　従業員数は就業人員であり，臨時従業員数は〔　〕内に年間の平均人員を外数で記載しています。

（3）　労働組合の状況 ···

　NTTグループにおいては，労使関係は安定しており特記すべき事項はありません。

事業の状況

1 経営方針，経営環境及び対処すべき課題等

　文中の将来に関する事項は，本有価証券報告書提出日現在において判断したものです。

（1）　NTTグループ中期経営戦略に基づく事業展開 ·······························

　NTT グループは 2023 年 5 月に新中期経営戦略「New value creation & Sustainability 2027 powered by IOWN」を発表しました。お客さまと社会のために新たな価値を提供し，事業そのものをサステナブルな社会の実現へとシフトすることで，地球のサステナビリティを支える存在になっていきたいと考えています。そのために，成長分野への投資を拡大し，5 年間で成長分野に約 8 兆円の投資を行うほか，さらに未来のためにキャッシュ創出力を拡大し，2027 年度に向けて成長のためのキャッシュを増大することで，EBITDA 約 4 兆円をめざしていきます。

　具体的な取組みの柱として，新たな価値の創造とグローバルサステナブル社会を支える NTT へ，お客さま体験（CX）の高度化，従業員体験（EX）の高度化，の 3 つを掲げて取り組みます。

取り組みの柱

1. 新たな価値の創造とグローバルサステナブル社会を支えるNTTへ

① IOWNによる新たな価値創造（構想から実現へ）
　i.　光電融合デバイスの製造会社設立
　ii.　IOWN研究開発・実用化の加速

② データ・ドリブンによる新たな価値創造
　i.　パーソナルビジネスの強化
　ii.　社会・産業のDX/データ利活用の強化
　iii.　データセンターの拡張・高度化

③ 循環型社会の実現
　i.　グリーンソリューションの実現
　ii.　循環型ビジネスの創造
　iii.　ネットゼロに向けて

④ 事業基盤の更なる強靱化

2. お客さま体験（CX）の高度化

⑤ 研究開発とマーケティングの融合
⑥ お客さま体験（CX）を重視したサービスの強化

3. 従業員体験（EX）の高度化

⑦ オープンで革新的な企業文化へ
⑧ 自律的なキャリア形成への支援強化
⑨ 全世界の従業員の家族を含めたサポートプログラムの強化・充実

(2) 中期財務目標 ………………………………………………………………………

　新中期経営戦略の発表にあわせ，新たに財務目標を設定しました。

　持続的なさらなる成長に向けて，キャッシュ創出力を軸とした取組みを強化することとし，主要指標としてEBITDAを設定のうえ，2027年度に向けて20％増加となる4兆円をめざします。

　ドライバーとなる成長分野ではEBITDAは40％増加を目標とし，海外営業利益率も2025年度で10％をめざします。既存分野ではEBITDA10％増加に加え，ROIC（投下資本利益率）9％の目標を掲げて取り組んでいきます。

　また，サステナビリティ関連指標としては女性の新任管理者登用率，温室効果ガス排出量，従業員エンゲージメント率を設定し，目標の達成をめざし様々な取組みを進めていきます。

　2023年度は，2018年11月に公表（2021年10月に改訂）した中期経営戦略「Your Value Partner 2025」におけるメインの財務指標であるEPS（1株当たり当期利益）について，370円の達成をめざし取組みを進めます。

中期財務目標

目標指標		目標水準（2027年度）
全　　社　　目　　標	E　B　I　T　D　A	+20% 増加（対2022年度）
成　　長　　分　　野	E　B　I　T　D　A	+40% 増加（対2022年度）
	海　外　営　業　利　益　率	10%（2025年度）
既　　存　　分　　野	E　B　I　T　D　A	+10% 増加（対2022年度）
	R O I C（投下資本利益率）	9%（2022年度実績：8.2%）

　上記に加え，サステナビリティ関連指標を設定

・女性の新任管理者登用率　　：毎年30％以上
・温室効果ガス排出量　　　　：2040年度カーボンニュートラル，ネットゼロをめざす
・従業員エンゲージメント率　：改善

(注) 1. 海外営業利益率の集計範囲は，NTTデータ連結です。また，買収に伴う無形資産の償却費等，一時的なコストを除いて算定します。
　　 2. 成長分野は，IOWN，デジタル・データセンター，電力・エネルギー，スマートライフ，不動産，AI・ロボット等です。
　　 3. 既存分野は，NTTドコモのコンシューマ通信事業，NTT東日本，NTT西日本です。

文中の将来に関する事項は，本有価証券報告書提出日現在において判断したものです。

○ NTTグループサステナビリティ憲章

NTTグループは，サステナビリティ憲章を制定しています。高い倫理観と最先端の技術・イノベーションに基づくIOWN構想の推進により，①「自然（地球）」との共生（環境問題への対応），②「文化（集団・社会〜国）」の共栄（社会課題への対応），③「Well-being（幸せ）」の最大化（人権・ダイバーシティ＆インクルージョン等への対応）に取り組んでいます。これらの取組みを通じて，企業としての成長と社会課題の解決を同時実現し，持続可能な社会の実現に貢献しています。

また，2023年5月には新中期経営戦略「New value creation & Sustainability 2027 powered by IOWN」を発表しました。新たな価値創造とグローバルサステナブル社会を支えるNTTをめざす等，様々な取組みを進めています。

(1) サステナビリティに関するガバナンス

NTTグループでは，サステナビリティの推進を重要な経営課題と捉え，特に重要な事項については取締役との議論を踏まえて決定しています。

取締役による監督体制としては，取締役会直下にサステナビリティ委員会（委員長：社長）を設置し，グループ全体の活動方針やその進捗状況を管理しています。サステナビリティに関する方針（憲章及び付随する方針等の制定・改廃，特に重要な指標の決定）は，サステナビリティ委員会を経て取締役会で決定しています。

サステナビリティに関する課題のうち，重要な解決すべき課題・アクティビティとして選定したプロセスについては，2021年度に，第三者機関・ISO26000・

GRI Standards等評価機関，SDGs，世界トレンド，社内ワークショップ，他企業のマテリアリティ等を参考に，サステナビリティを取り巻く新たな課題を網羅的に考慮し，NTTグループとして取り組むべき課題をグローバル規模で議論，選択し特定しました。また，取り組むべき優先度については，「企業としての成長」と「社会への課題解決」へのインパクトの両面で評価を行い，社会課題の解決と事業の成長を同時実現するマネジメントをめざし，外部有識者の意見も取り入れ，優先度を評価しました。

　上記において特定した課題及びその優先度の設定に関する妥当性は，サステナビリティ委員会で審議した後，取締役会にて定期的（年1回）にレビューし，随時見直しを行うこととしており，2023年4月20日開催の取締役会において，レビューした優先度を踏まえ，①気候変動，②人的資本，③新たな価値創造，④レジリエンスの4項目を2023年度のサステナビリティに関する重要項目として決定しています。

(2)　サステナビリティに関するリスク管理

　サステナビリティに関する重要項目のリスクや機会については，サステナビリティ委員会で議論し，取締役会に報告しています。なお，NTTグループのリスク管理プロセスとして，身近に潜在するリスクの発生を予想・予防し，万一リスクが顕在化した場合でも損失を最小限に抑えること等を目的として，リスクマネジメントの基本的事項を定めたリスクマネジメント規程を制定し，代表取締役副社長が委員長を務めるビジネスリスクマネジメント推進委員会及びグループビジネスリスクマネジメント推進委員会が中心となって，リスクマネジメントのPDCAサイクルを構築し運用しており，サステナビリティ関連のリスクの識別，評価，管理に関するプロセスはNTTグループの総合的なリスク管理プロセスに統合されています。

(3) 戦略，指標及び目標 ....

① 気候変動

○ 気候変動に関する戦略（リスク及び機会に対処するための取組み）

　気候変動問題が世界的に重要なリスクとして広く認識されている中，NTTグループの気候変動や資源循環への対応や開示が不十分と評価された場合には，顧客・パートナー・株主・社員・地域社会等のステークホルダーからの理解が十分に得られず事業運営に支障をきたす可能性があります。また，新たな法令・規制の導入や強化等がなされた場合にはコスト負担が増加する等，NTTグループの経営成績や財政状態に影響を与える可能性があります。

　このようなリスクへの対応として，NTTグループでは，環境エネルギービジョン NTT Green Innovation toward2040 を策定し，2040年のカーボンニュートラル実現に向けて環境負荷低減の取組みを推進しています。自らのグリーン電力化の推進として再生可能エネルギーの活用を進めるほか，圧倒的な低消費電力をめざしたIOWNの研究開発の推進，インターナルカーボンプライシング制度の導入，グリーンボンドの活用等を進め，環境エネルギーへの取組み及び情報開示の充実を図っています。

　機会への対応としては，データセンターにおける再生可能エネルギーメニューの提供拡大や，温室効果ガス排出量可視化プロセスの構築支援，法人や個人のお客様に対するグリーン電力販売の拡大等に取り組んでいます。

　また，NTTグループは，2023年5月に公表した新中期経営戦略の取組みの一つである循環型社会の実現として，グリーンエネルギー×ICTで実現するグリーンソリューションの推進，再生可能エネルギー発電事業の拡大及び地産地消型の最適化・効率化された電力の安定供給の実現，様々な産業間での資源の循環，地域創生のさらなる加速による，持続可能な社会の実現をめざします。あわせて，ネットゼロに向け，NTT Green Innovation toward 2040 のScope3への拡大をめざします。

○ 気候変動に関する指標及び目標

指標	目標	実績
温室効果ガス排出量	[Scope1, 2] 2030年度：80%削減（2013年度比） 2040年度：カーボンニュートラル [Scope3] 2040年度：ネットゼロ	[Scope1, 2] 2022年度（速報値）： 246万t、47%削減（2013年度比） [Scope3] 2022年度（速報値）： 2,003万t、15%削減（2018年度比）

(注) 1. 温室効果ガス排出量の集計範囲は，当社及び連結子会社です。

　　2. 温室効果ガス排出量（Scope1,2及び3）の確報値は，2023年10月頃，当社コーポレートサイトに掲載予定です。

　　　・NTTグループの環境活動 環境データ 詳細データ集（GHG）：

　　　https://group.ntt/jp/environment/data/data/ghg.html

　　3. Scope1,2は，日本政府が掲げる地球温暖化対策計画に合わせ2013年度を基準年に，Scope3は，海外グループ会社を含む現在と同等の集計範囲での算定を開始した2018年度を基準年に設定しています。

② 人的資本

○ 人的資本に関する戦略（リスク及び機会に対処するための取組み，人材の多様性の確保を含む人材の育成に関する方針及び社内環境整備に関する方針）

＜従業員エンゲージメントの強化＞

　情報通信市場や情報サービス市場においては，国内外の様々なプレイヤーが市場に参入し，サービスや機器の多様化・高度化が急速に進んでおり，今後，クラウドサービスを中心として変化が一層加速していくと見込まれます。このような状況の中で，従業員エンゲージメントの強化は，生産性や創造性の向上，及び優秀な人材のリテンションのために重要です。エンゲージメントの低下は，新技術の開発，新サービスの企画，既存サービスの改善，成長戦略の実行等に影響を及ぼす場合があり，NTTグループの経営成績や財政状態に影響を与える可能性があります。

　このようなリスクへの対応として，NTTグループでは，従業員エンゲージメント調査を実施し，把握した課題の改善に向けた取組みを強化しています。2023年4月に導入した専門性を軸とした新たな人事給与制度に基づき，社員一人ひとりが今まで以上に高い専門性とスキルを獲得・発揮できる環境を整備するとともに，公募人事等の拡大により，社員が自らチャレンジし活躍できる機会も拡大します。管理職についてはジョブ型人事制度を導入しており，年次・年齢にかかわ

らない適所適材配置を実施しています。また，戦略の理解や浸透に向け，経営幹部と社員の双方向のコミュニケーションの場の整備も行います。あわせて，多様な人材が活躍できるための環境整備も，従業員エンゲージメント向上を支える基盤となることから，ワークインライフの実現に向けた取組みを継続します。機会への対応としては，社員のチャレンジ意欲の向上や専門性の獲得によりキャリア上の目標達成や働きがいが向上し，それにより従業員エンゲージメントが高まることで，NTTグループとしての労働生産性や創造性が向上すると考えています。

＜人材の多様性の確保を含む人材の育成に関する方針及び社内環境整備に関する方針＞

人材育成については，社員の自律的なキャリア形成による成長支援を強化します。具体的には，グループ共通で定義した18の専門分野の専門性向上のため，社外資格取得支援を含め研修メニューを充実し2023年度は約700講座を準備しています。また，社員が自らキャリアを描く支援をするためのキャリアコンサルティング機能を充実します。さらに，NTTグループのDX推進に向け，高度なデータ活用スキルを有するDX人材の育成に取り組んでおり，2023年3月末には約2,000名となりました。加えて，NTTグループの幹部候補育成を目的としたプログラムである"NTT University"を運営しているほか，グローバルな視点を持つリーダー育成を目的に，国内の管理者の中から毎年40名程度を海外の事業会社へ派遣しています。

多様性の確保については，経営中核人材への継続的な女性の輩出をめざし，"NTT University"において対象者の女性比率を30％以上確保しているほか，女性の新任管理者登用率30％以上を目標に掲げ，各階層の女性社員に対する研修，育児休職復帰者及び上司向けの研修等を実施しています。

社内環境については，ワークインライフの実現に向け，リモートワークを基本とし，コアタイムを設定しないフレックスタイム，分断勤務等を活用した柔軟な働き方ができる環境を整備しています。また，居住地を自由にするリモートスタンダード制度も導入を開始し，単身赴任の解消や転勤に伴う転居を必要としない環境の整備に取り組んでいます。さらには，女性・障がい者・LGBTQ等，属性のマイノリティや子育て・介護等の制約を持つ社員が働きやすい職場環境を構築

(point) 関係会社の状況

主に子会社のリストであり，事業内容や親会社との関係についての説明がされている。特に製造業の場合などは子会社の数が多く，すべてを把握することは難しいが，重要な役割を担っている子会社も多くある。有報の他の項目では一度も触れられていない場合が多いので，気になる会社については個別に調べておくことが望ましい。

するため，人的ネットワークの構築や周囲（特に上司）の知識習得・マインド改革・風土醸成のための研修等を実施しているほか，男性の育児参画についても積極的に推進しています。

<健康・安全>

社員の健康・安全が十分に確保できない場合，労働生産性の低下等に繋がり，NTTグループの経営成績や財政状態に影響を与える可能性があります。

このようなリスクへの対応として，NTTグループでは，労働基準法等の関係法令の遵守はもとより，安全管理及び健康管理を目的に安全管理規程，健康管理規程等を定めています。NTTグループの事業を支える電気通信設備工事における事故の防止や安全な作業環境の整備に向け，委託先会社等の協力会社も含めたNTTグループ全体で各種対策や安全意識の向上に継続的に取り組んでいます。

機会への対応としては，従業員の健康維持・増進への取組みがモチベーションや生産性を向上させ，企業の収益拡大にもつながるとの方針のもと，経営戦略の一環として健康経営に取り組んでいます。具体的には，スマートフォンアプリ（dヘルスケア）を活用した社員の健康活動促進のための取組みや，社員の健康状態・変調を把握するための定期アンケート（パルスサーベイ）の実施といった取組みを進めています。

<人権>

当社グループ及びサプライチェーンにおいて強制労働や児童労働等の人権侵害行為が発生した場合には，NTTグループの信頼性や企業イメージが低下，ひいては経営成績や財政状態に影響を与える可能性があります。

このようなリスクへの対応として，NTTグループでは，外部評価機関も活用した人権デューデリジェンスの実施や，人権課題に関する研修，人権に関する相談窓口の設置・運営等，グループ一体となった人権意識の向上，人権マネジメントの強化に取り組んでいます。

機会への対応としては，人権デューデリジェンスにおける重要サプライヤへの直接対話の実行及びそれらのプロセスや結果を情報開示することにより，ステークホルダーの皆さまから信頼される企業として，ブランドイメージの向上につながると考えています。

なお，NTTグループは，2023年5月に公表した新中期経営戦略の取組みの一つであるオープンで革新的な企業文化として，お客さま重視を基本に，オープン，コラボレーション，トライ＆エラーを重視する文化の浸透，ダイバーシティ＆インクルージョンの継続強化に取り組みます。さらに，自律的なキャリア形成への支援強化として，社員の自律的なキャリア形成を支援し，事業の成長を支える人的投資の拡大，ライフイベント（出産，育児，介護等）のサポートも含めたトータルなキャリア形成の支援に取り組みます。加えて，全世界の従業員の家族を含めたサポートプログラムの強化・充実として，従業員が在職中に死亡した場合に，子女の大学卒業までの教育費の一部をサポートする制度を拡充します。

○　人的資本に関する指標及び目標

指標	目標	実績
従業員エンゲージメント率	改善（前年度比）	2022年度：57%
女性の新任管理者登用率	毎年：30%	2022年度：29.7%
男性育児休業取得率	2023年度：100%	2022年度：114.1%
重要サプライヤとの直接対話率	2023年度：100%	2022年度：100%

(注)　1. 従業員エンゲージメント率の集計範囲は，国内グループ約100社（今後，海外グループ会社まで拡大予定）です。

　　　2. 女性の新任管理者登用率及び男性育児休業取得率の集計範囲は，国内主要6社（当社，NTTドコモ，NTTコミュニケーションズ，NTT東日本，NTT西日本，NTTデータ））です。

　　　3. 重要サプライヤとの直接対話率の集計範囲は，NTTグループ全調達額の90%以上を占める重要サプライヤ（約140社）のうち，年間40社程度です。

(参考) 多様性に関するその他の指標及び目標

指標		目標	実績
女性	採用率	毎年：30%	2022年度：35.8%
	管理者比率	2025年度：15%	2022年度：10.4%
	役員比率	2025年度：25～30%	2023年6月：21.0%
外部人材	中途採用比率	2023年度：30%	2022年度：40.7%

(注)　1. 上記指標の集計範囲は，いずれも国内主要6社（当社，NTTドコモ，NTTコミュニケーションズ，NTT東日本，NTT西日本，NTTデータ））です。

　　　2. 当社における有価証券報告書提出日現在の女性の役員比率は，取締役30.0%，監査役40.0%，執行役員40.0%です。

③　新たな価値創造

○　新たな価値創造に関する戦略（リスク及び機会に対処するための取組み）

　NTTグループは，お客さまの新たな体験や感動創造（カスタマーエクスペリエンス）の高度化に向け，様々なパートナーと連携して新たな価値の創造及び社会

的課題の解決をめざす，B2B2X モデルを推進しています。B2B2X モデルの推進が想定どおりに進展しなかった場合，市場競争力が低下し，結果として NTT グループの経営成績や財政状態に影響を与える可能性があります。

このようなリスクへの対応として，NTT グループの連携を図りながらプロジェクトを拡大するため，社長を委員長とするマーケティング戦略委員会を設置・運営しています。また，グループ横断の社内カンファレンスの開催等を通じて，各社の優良事例の水平展開による B2B2X ビジネスの拡大に取り組んでいます。

機会への対応としては，パートナーのみなさまが持つ各業界の知見や顧客基盤と，NTT グループが持つデジタルサービスやデータマネジメント技術といったテクノロジーを組み合わせることで，パートナーのお客さま（ユーザ）に新しい価値を提供することが可能となります。具体的には，①産業バリューチェーンの進化，②顧客対応の進化，③モバイルデータの活用，④地域に根差したサービス・街づくり等の分野において，オール NTT グループでの取組みを展開しています。

また，NTT グループは，2023 年 5 月に公表した新中期経営戦略の取組みの一つである研究開発とマーケティングの融合として，研究開発マーケティング本部を新設します。持株会社において，研究開発推進機能とマーケティング機能，アライアンス機能を融合・強化し，プロダクトアウト型の研究開発の強化に加え，グローバルでの共創による研究開発〜プロダクト提供を行うとともに，様々なパートナーとのアライアンスを推進します。さらに，CX を重視したサービスの強化として，あらゆるステークホルダーをお客さまとして捉え，お客さま体験ファーストを推進していきます。カスタマージャーニーに寄り添いながらアジャイルでサービスを常に改善・アップデートしていくことで，お客さまの期待を超える新たな体験や感動を提供し，選ばれ続ける NTT グループをめざします。

○ **新たな価値創造に関する指標及び目標**

指標	目標	実績
B2B2X収益額	2023年度：8,700億円	2022年度：8,154億円

(注) B2B2X 収益額の集計範囲は，総合 ICT 事業セグメント，地域通信事業セグメント，グローバル・ソリューション事業セグメントです。

④　レジリエンス

○　**レジリエンスに関する戦略（リスク及び機会に対処するための取組み）**

＜自然災害，大規模故障等＞

　NTTグループは国内外において事業を展開しており，通信ネットワーク・情報システムをはじめ，社会と経済活動を支え，国民生活の安全を守るライフラインとして欠かせないサービスや金融・決済等生活基盤を支えるサービスを数多く提供しています。

　これらのサービス提供に関して，地震・津波・台風・洪水等の自然災害，武力攻撃やテロ等の物理的な攻撃，重要システムにおける開発遅延や不具合，大規模なネットワーク故障の発生等によりお客さまへのサービス提供に影響を与える場合があり，NTTグループの信頼性や企業イメージが低下するおそれがあります。

　このようなリスクへの対応として，NTTグループでは，通信ビルの耐震機能・水防機能の強化，伝送路の異経路化，長期停電に対する通信ビル・基地局の非常用電源の強化等サービス提供に必要なシステムやネットワークを安全かつ安定して運用できるよう様々な対策を講じています。特に大規模故障への具体的な対策として，迅速かつ的確なサービス復旧を行うとともに，故障原因を早期に究明し，①顕在化したリスクのグループ横断的な総点検・再発防止，②想定外のことは必ず起こることを前提に，グループ横断的なリスクの棚卸に基づく，より強靱なネットワークの実現に向けた施策をグループ全体で実施していきます。

　機会への対応としては，ネットワークの強靱化や復旧対応の迅速化等を通じて，通信ネットワーク・情報システムの信頼性が高まれば，顧客満足度やブランドイメージの向上につながると考えています。また，さらなる信頼性を求めるお客さまに対しては，BCPを強化するソリューションのラインアップを充実することで新たな価値を提供します。

＜セキュリティ＞

　サイバーテロ等のセキュリティインシデントにより，サービス停止・サービス品質の低下や情報の漏洩・改竄・喪失が発生した場合，NTTグループの信頼性や企業イメージが低下，ひいては経営成績や財政状態に影響を与える可能性があります。

このようなリスクへの対応として，NTTグループでは，「サイバーインシデントは必ず起きる，被害の最小化が大切」という考えに基づいて，「三線防御」の原則の導入，グループ全体で守るべき規程の整備，セキュアなリモートワーク環境を提供するゼロトラスト型ITシステムへの移行，グローバルな脅威情報の収集/活用，早期検知・迅速対応のための最新技術の導入，セキュリティ対策の攻撃者目線での検証，万一のインシデント時の対応演習，社員全員に向けた基本動作研修等の取組みを通じて，リスクベースでの情報セキュリティ対策に取り組んでいます。

　機会への対応としては，最新技術と高度知識を持つセキュリティ専門人材を育成するとともに，上記リスクへの対応を通じて蓄積されてきた知見や情報を活かし，グループ外の企業やコミュニティに対するリスク対策支援サービスの提供等にも取り組んでいます。

＜広報対応＞

　システム不具合，ネットワーク故障，サービス不具合等が発生した際の広報対応が遅れた場合，NTTグループの信頼性やブランドイメージの低下につながるおそれがあります。

　このようなリスクへの対応として，NTTグループでは，故障発生時の迅速な広報対応等の実現に向け，総務省の定める周知・広報に関するガイドライン順守に向けた体制を整備しているほか，緊急時の広報対応に関する各社の優良事例の水平展開等を通じて，広報対応の品質向上に取り組んでおり，こうした取組みを推進することで，顧客満足度やブランドイメージの向上につながると考えています。

　なお，NTTグループは，2023年5月に公表した新中期経営戦略の取組みの一つである事業基盤のさらなる強靭化として，大規模故障やサイバー攻撃等の発生を踏まえた強靭なネットワーク/システムの実現や激甚化する自然災害への対策を強化していきます。

○　**レジリエンスに関する指標及び目標**

指標	目標	実績
重大事故発生件数	2023年度：ゼロ	2022年度：3件
外部からのサイバー攻撃に伴う電気通信サービス停止件数	2023年度：ゼロ	2022年度：0件

(注) 1. 重大事故発生件数及び外部からのサイバー攻撃に伴う電気通信サービス停止件数の集計範囲は，指

定公共機関である通信4社（NTT東日本，NTT西日本，NTTコミュニケーションズ，NTTドコモ）です。

2. 重大事故とは，電気通信役務の提供を停止または品質を低下させた，以下の条件を満たす事故です。
   - 緊急通報（110，119等）を扱う音声サービス：1時間以上かつ3万人以上
   - 緊急通報を扱わない音声サービス：2時間以上かつ3万人以上，または1時間以上かつ10万人以上
   - インターネット関連サービス（無料）：12時間以上かつ100万人以上，または24時間以上かつ10万人以上
   - その他の役務：2時間以上かつ3万人以上，または1時間以上かつ100万人以上

3　事業等のリスク

　本有価証券報告書に記載した事業の状況，経理の状況等に関する事項のうち，投資者の判断に重要な影響を及ぼす可能性のある事項を，NTTグループの事業を取り巻く環境及びそれに対応した事業戦略，業務運営に係るリスクのほか，規制をはじめとした政府との関係に係るリスク等の観点から総合的な評価を行っています。

　当社におけるビジネスリスクマネジメントの概要，リスクの抽出・重要リスクの特定，リスクの内容及び対処策については以下のとおりです。

（1）　ビジネスリスクマネジメントの概要

　身近に潜在するリスクの発生を予想・予防し，万一リスクが顕在化した場合でも損失を最小限に抑えること等を目的として，リスクマネジメントの基本的事項を定めたリスクマネジメント規程を制定しています。代表取締役副社長が委員長を務めるビジネスリスクマネジメント推進委員会及びグループビジネスリスクマネジメント推進委員会が中心となって，リスクマネジメントのPDCAサイクルを構築し運用しています。なお，2022年度においてビジネスリスクマネジメント推進委員会は2回，グループビジネスリスクマネジメント推進委員会は2回開催され，全社的に影響を与えると想定されるリスクの特定及びその管理方針等について議論しました。

　また，グループ一体となってリスクマネジメントに取り組むため，NTTグループビジネスリスクマネジメントマニュアルを策定しグループ各社に配布しています。本マニュアルにより，リスク発生に備えた事前対処策，リスクが顕在化した

場合におけるグループ連携方法や対応方針，情報連絡フロー等を定め，迅速な対応を可能とする体制を整備し運用しています。

（2）　リスクの抽出・重要リスクの特定

　当社では社会環境の変化等を踏まえ，想定するリスクや，その管理方針の見直しを随時行っています。リスクの抽出にあたっては，ビジネスリスクマネジメント推進委員会及びグループビジネスリスクマネジメント推進委員会が中心となって，NTTグループを取り巻くリスクの分析プロセスを策定し，このプロセスに則って定期的にリスク分析を実施することで，全社リスクを特定します。さらに，それらリスクの相関分析を行い，最も重大な影響を及ぼす可能性のあるリスクを「重要リスク」と特定し，その対応策を決定します。

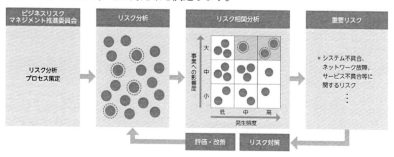

（3）　リスクの内容及び対処策

　文中の将来に関する事項は，本有価証券報告書提出日現在において判断したものです。当社が現在関知していないリスク，あるいは当社が現時点では重要ではないと考えるリスクであってもNTTグループの事業活動を損なうことになる可能性があります。さらに，本有価証券報告書は，リスクと不確実性を伴う将来見通しに基づく情報も含んでいます。NTTグループは，下記リスクのほか，本有価証券報告書中の他の箇所に記載されているリスクに直面していますが，これらのリスクの影響により，NTTグループの実際の業績が，将来見通しに基づく記述が想定しているものとは大きく異なってくる可能性があります。

○ 事業環境及びそれに対応した戦略に係るリスク ·····························

事業成長に関するリスク

　市場構造の変化や競争の進展に適切に対応できない場合，NTTグループの営業収益が低下する可能性や設備投資の効率化が図れない可能性，販売経費・設備関連コスト・人件費等の削減効果が充分に発揮されない可能性があります。情報通信市場では，競合他社の新規参入等による競争激化や，新料金プラン等による顧客基盤の維持・さらなる拡大がNTTグループの想定したとおりにならない場合，結果としてNTTグループの経営成績や財政状態に影響を与える可能性があります。また，情報サービス市場では，急成長するインドや中国等の情報サービス企業が，グローバル競争をもたらしつつあり，競合会社の積極参入による競争激化が経営成績や財政状態に影響を与える可能性があります。

　特にグローバルビジネスの拡大において，企業・組織との合弁事業，事業提携，協力関係の構築，出資，買収等の活動を実施していますが，海外における事業活動は，投資や競争等に関する法的規制，税制，契約実務を含めた商習慣の相違，労使関係，国際政治等様々な要因の影響下にあります。これらのリスクが顕在化した場合には，NTTグループの経営成績や財政状態に影響を与える可能性があります。

　その他の市場においても，各事業において想定したとおりの収益が得られない可能性があり，結果として経営成績や財政状態に影響を与える可能性があります。

　また，NTTグループは，お客さまの新たな体験や感動創造（カスタマーエクスペリエンス）の高度化に向け，様々なパートナーと連携して新たな価値の創造及び社会的課題の解決をめざす，B2B2Xモデルを推進しています。B2B2Xモデルの推進が想定どおりに進展しなかった場合，市場競争力が低下し，結果としてNTTグループの経営成績や財政状態に影響を与える可能性があります。

　このようなリスクを踏まえ，NTTグループは，2023年5月に発表した新中期経営戦略「New value creation & Sustainability 2027 powered by IOWN」に基づき，これまでの中期経営戦略の考え方や取組みをベースに，新たな価値創造と地球のサステナビリティを実現することをめざしています。

　設備投資の効率化に向けては，各社でネットワークのシンプル化・スリム化を

実施することに加え，AI等を活用し，自らの業務プロセスをデジタル化することで様々な業務におけるさらなる生産性の向上をめざします。また，グループ各社が共通で購入するハードウェア，ソフトウェア及びサービスについて，グローバルベンダー等と一元的に価格交渉を行い，包括的な契約を締結する調達専門会社のNTT Global Sourcing, Inc.を米国に設立し，NTTグループのトータルの調達コスト削減等に取り組んでいます。

　ITシステムについても，グローバルで標準化されたシステムへ移行していくことを通じて，共通基盤化による効率化を進めるとともに，シンプルで生産性の高い業務運営の確立に向けて取り組んでいます。

　また，グローバル事業における着実な成長を実現するため，2019年よりグローバル事業の再編成に取り組んできましたが，昨今お客さまのニーズはますます多様化・高度化し，デジタル技術を活用したトランスフォーメーション（DX）や，ITモダナイゼーションへのニーズが高まるとともに，競合各社は社会・テクノロジーの変化に合わせサービスラインを拡大する等，事業環境が大きく変化してきています。このような状況下，NTTデータとNTT Ltd.で行ってきたビジネスユーザ向けグローバル事業をNTTデータ傘下に集約し，両社がより一体となって事業運営を行うこととしました。統一した事業戦略のもと，インフラからアプリケーションまでのEnd to Endのサービス提供，当社の研究開発の成果の活用，Smart Worldや5G等の分野におけるビジネス推進に取り組むとともに，中長期的には，IOWN構想を中核とした環境価値，社会価値も提供可能な高度なサービスの実現に向けて取り組みます。

　出資に関しては，定期的にモニタリングを実施する等，期待したリターンを得られるよう取り組んでいます。

　お客さまの新たな体験や感動創造の取組みが十分に進展しないリスクを踏まえた対応については，「第2 事業の状況 2 サステナビリティに関する考え方及び取組 新たな価値創造に関する戦略」をご参照ください。

金融市場の混乱により悪影響を受けるリスク

　NTTグループは，社債・借入金等の手段により資金調達を実施していますが，金融市場において大きな変動が生じた場合には，資金調達が制約される可能性や

資金調達コストが増加する可能性があります。

　また，NTTグループは，投資有価証券等の金融資産を保有しています。景気後退による株式市場や金融市場の低迷により，それらの資産価値が下落した場合には評価損が発生し，NTTグループの業績に影響が生じる可能性があるほか，NTTグループの年金基金についても，年金運用等に影響を及ぼす可能性があります。

　このようなリスクを踏まえ，NTTグループでは，現金及び現金同等物に加え，取引銀行と当座貸越契約及びコミットライン契約を締結しており，事業活動上必要な流動性を確保しています。資金調達に関しては，調達手段の多様化等を進めるとともに，低利かつ安定的な資金の確保に努めています。さらに，債権流動化等により資金の効率化にも取り組んでいます。また，リスク管理方針を制定し，この管理方針に従って先物為替予約等のデリバティブ取引を利用したリスクヘッジを行い，リスクの最小化に努めています。

環境問題への対応に関するリスク

　気候変動問題が世界的に重要なリスクとして広く認識されている中，NTTグループの気候変動や資源循環への対応や開示が不十分と評価された場合には，顧客・パートナー・株主・社員・地域社会等のステークホルダーからの理解が十分に得られず事業運営に支障をきたす可能性があります。また，新たな法令・規制の導入や強化等がなされた場合にはコスト負担が増加する等，NTTグループの経営成績や財政状態に影響を与える可能性があります。

　気候変動に関するリスクを踏まえた対応については，「第2 事業の状況 2 サステナビリティに関する考え方及び取組 気候変動に関する戦略」をご参照ください。

　資源循環に関するリスクへの対応として，NTTグループでは，2030年度の目標として，NTTグループが排出する廃棄物のリサイクル率を99％以上とすることを設定しています。社会的要請や法令・規制に則り，通信設備・携帯端末等のリユース・リサイクルや，プラスチックの利用削減，有害廃棄物の適正な処理，保管・管理の徹底等を進め，資源循環の取組みの充実を図っています。

人的資本に関するリスク

　情報通信市場や情報サービス市場においては，国内外の様々なプレイヤーが市

場に参入し，サービスや機器の多様化・高度化が急速に進んでおり，今後，クラウドサービスを中心として変化が一層加速していくと見込まれます。このような状況の中で，従業員エンゲージメントの強化は，生産性や創造性の向上，及び優秀な人材のリテンションのために重要です。エンゲージメントの低下は，新技術の開発，新サービスの企画，既存サービスの改善，成長戦略の実行等に影響を及ぼす場合があり，NTTグループの経営成績や財政状態に影響を与える可能性があります。

また，社員の健康・安全が十分に確保できない場合，労働生産性の低下等につながり，NTTグループの経営成績や財政状態に影響を与える可能性があります。

さらに，当社グループ及びサプライチェーンにおいて強制労働や児童労働等の人権侵害行為が発生した場合には，NTTグループの信頼性や企業イメージが低下，ひいては経営成績や財政状態に影響を与える可能性があります。

人的資本に関するリスクを踏まえた対応については，「第2 事業の状況 2 サステナビリティに関する考え方及び取組 人的資本に関する戦略」をご参照ください。

知的財産権に関するリスク

NTTグループや事業上のパートナーがその事業を遂行するために必要な知的財産権等の権利について，当該権利の保有者よりライセンス等を受ける必要がある場合があります。現在，NTTグループ等は，当該権利の保有者との間で契約を締結することによりライセンス等を受けており，また，今後の事業遂行上必要となる他者の知的財産権等の権利については，当該権利の保有者よりライセンス等を受ける予定です。

しかしながら，当該権利の保有者との間でライセンス等の付与について合意できなかったり，又は，一旦ライセンス等の付与に合意したもののその後当該合意を維持できなかった場合には，NTTグループや事業上のパートナーの特定の技術，商品又はサービスの提供ができなくなる可能性があります。

また，NTTグループ各社による海外企業の買収等に伴い，グローバルビジネスが拡大しており，NTTグループが海外企業からその知的財産権等の権利を侵害したとの主張を受ける機会が増える可能性があります。仮に他者より，NTTグルー

プがその知的財産権等の権利を侵害したとの主張を受けた場合には，その解決に多くの時間と費用を要する可能性があり，さらに当該他者の主張が判決等により認められた場合，あるいは和解等により当事者間で合意した場合には，当該権利に関連する事業の収益減や当該権利の侵害を理由に損害賠償責任等を負ったり，当該事業の実施の差止めを受ける可能性があります。さらに，NTTグループが保有する知的財産権等の権利について，第三者が不正に使用する等により，本来得られるライセンス収入が減少したり，競争上の優位性をもたらすことができない可能性があります。これらのリスクが顕在化した場合には，NTTグループの経営成績や財政状態に影響を与える可能性があります。

このようなリスクを踏まえ，NTTグループでは，戦略的な権利化や権利調査による状況把握を実施する等，他者やNTTグループが保有する知的財産権等の権利への対策を講じています。

○ **業務運営に係るリスク**
システム障害，ネットワーク障害等に関するリスク

NTTグループは国内外において事業を展開しており，通信ネットワーク・情報システムをはじめ，社会と経済活動を支え，国民生活の安全を守るライフラインとして欠かせないサービスや金融・決済等生活基盤を支えるサービスを数多く提供しています。

これらのサービス提供に関して，地震・津波・台風・洪水等の自然災害，武力攻撃やテロ等の物理的な攻撃，重要システムにおける開発遅延や不具合，大規模なネットワーク故障の発生等によりお客さまへのサービス提供に影響を与える場合があり，NTTグループの信頼性や企業イメージが低下するおそれがあります。

また，サイバーテロ等のセキュリティインシデントにより，サービス停止・サービス品質の低下や情報の漏洩・改竄・喪失が発生した場合，NTTグループの信頼性や企業イメージが低下，ひいては経営成績や財政状態に影響を与える可能性があります。

さらに，システム不具合，ネットワーク故障，サービス不具合等が発生した際の広報対応が遅れた場合，NTTグループの信頼性やブランドイメージの低下につ

ながるおそれがあります。

　システム不具合，ネットワーク故障，サービス不具合等に関するリスクを踏まえた対応については，「第2 事業の状況 2 サステナビリティに関する考え方及び取組 レジリエンスに関する戦略」をご参照ください。

地政学に関するリスク

　NTTグループは国内外において事業を展開しているため，テロリズム，武力行為，地域紛争等の国際情勢問題により，社員等の安全が脅かされる可能性や建物や設備が破壊される可能性，また，現地ビジネス展開，サプライチェーン，資金調達等への影響が生じることによって，事業運営に混乱が生じ，サービスを安定的に提供できない等，事業継続が困難になる場合があります。状況によっては，これらの問題が当該国・地域のみに限定されず，グローバルな事業継続に影響が発生する場合も考えられます。

　また，それらの結果，社員が直接被害を受ける可能性や，ネットワークやシステムの復旧に長い時間を要する可能性，燃料や機器の調達が困難になることによりサービスを安定的に提供できない可能性等が考えられ，収入の減少や多額の修繕費用の支出を余儀なくされる可能性があります。状況によっては，それらに係る損害についてNTTグループが責任を負う可能性も考えられます。さらに，これらがNTTグループの信頼性や企業イメージの低下につながるおそれもあります。

　このようなリスクを踏まえ，NTTグループでは，国内外の情報管理方法の強化や社員安否確認の定期的な訓練，通信ビル等重要設備のセキュリティ確保や冗長性のある伝送ルート設計，長期停電に対する通信ビル・基地局の非常用電源の強化等を行っています。また，NTTグループは「NTTグループサプライチェーンサステナビリティ推進ガイドライン」を公表し，国際情勢問題等に伴う原材料の高騰，物流の混乱，原材料や部品等の入手困難化といった事業継続に大きな影響を与える事態に備えて，サプライチェーンへの影響を最小限に留めるよう，事業継続計画を策定することをサプライヤに要請するとともに，それらの事態が発生した場合の事業への影響を最小化するよう，関連するサプライヤと連携し，対応を実施します。これらのように，NTTグループは事業継続に必要なシステムやネットワークを安全かつ安定して運用できるよう様々な対策を講じています。

不祥事や契約上のトラブル等に関するリスク

　NTTグループは，国内外で多くの拠点を持ち，様々な製品やサービスを取り扱う関係上，関連する法令や規則は多岐にわたり，事業活動を営むにあたり免許・届出・許認可等が必要とされるものもあります。特に海外での事業運営においては，当該国での法令の存在又は欠如，法令の予期しえない解釈，法規制の新設や改定等によって，法令遵守のための負担が増加する場合があります。また，近年では法令・規制に加えて，人権，児童労働，環境破壊，中間搾取等，サプライチェーン上に存在するグローバルレベルでのリスクへの対処も問題視されています。

　これらに関して，従業員による個人的な不正行為等を含めたコンプライアンスに関するリスクもしくは社会的に信用が毀損されるリスクを排除できない場合があります。結果として，NTTグループの信頼性や企業イメージが低下し，契約者獲得や入札資格停止等事業への影響が生じるおそれがあり，NTTグループの経営成績や財政状態に影響を与える可能性があります。

　このようなリスクを踏まえ，NTTグループでは，法令遵守は極めて重要な企業の責務であるとの認識のもと，国内外を問わず，反競争的な違反行為，贈収賄等の防止をはじめ，より一層のコンプライアンスの強化をしていきます。

　また，お客さま情報をはじめとする個人情報保護への要求が社会的に高まるとともに，法制面からも個人情報保護に対する要請は大きくなっています。

　しかしながら，個人情報等を狙った犯罪行為が高度化，巧妙化する等，個人情報等の機密情報の流出や不適切な取り扱いが発生するリスクを排除できない場合があります。

　このようなリスクを踏まえ，NTTグループでは，個人情報等の機密情報の厳重な管理等に努めるとともに，「NTTグループ情報セキュリティポリシー」を制定し，グループ内における管理体制の整備，役員や従業員への啓発活動等に取り組んでいます。

　また，NTTグループが当事者となる訴訟，係争，損害賠償請求が発生し，裁判所等によりNTTグループにとって不利な判断がなされた場合は，金銭的負担が発生するおそれがあるほか，NTTグループの信頼性や企業イメージが低下するおそれがあり，その結果として，NTTグループの経営成績や財政状態に影響を与え

る可能性があります。

　このようなリスクを踏まえ，NTTグループでは，NTTグループ各社において発生している，又はそのおそれのある訴訟等の案件についてモニタリングを実施するとともに，必要に応じて迅速に対策を講じています。

製品，サービスの不適切な利用等により，社会的問題が発生するリスク

　NTTグループの提供している製品やサービスがユーザに不適切に使用される可能性があります。代表的なものとして，迷惑メールの送信，ネットバンキングの不正送金等のサイバー犯罪や振り込め詐欺等の犯罪にNTTグループのサービスが利用される可能性があるほか，NTTグループの契約者が迷惑メールを大量に受信してしまう等，これらの行為の被害を受けてしまう可能性があります。また，未成年者の有害サイトへのアクセス制限サービスの機能・精度等に関しては様々な議論があります。そのほか，歩行中や運転中の携帯電話使用によるトラブルの発生や，有料コンテンツの過度な利用による高額課金，不正アプリ（ソフト）を通じた個人情報の流出等が社会的に問題となっています。

　これらの問題によって，NTTグループの製品やサービスに対する信頼性の低下，顧客満足度の低下や企業イメージの低下による解約数の増加，新規契約者を期待どおり獲得できないという結果を引き起こす可能性があり，NTTグループの経営成績や財政状態に影響を与える可能性があります。

　このようなリスクを踏まえ，NTTグループでは，歩きスマホ防止機能やフィルタリング機能等の安心・安全な利用のための製品・サービス提供，知識やマナーの啓発活動等の取組みを進めています。

パンデミック等による業務への影響リスク

　新型コロナウイルス感染症等のパンデミックにより，お客さまの事業活動の縮小，システムインテグレーションの受注や各種サービス販売の減少，計画していた工事等の遅延等，事業活動に大きな影響が生じる可能性があります。また，ウィズ・アフターコロナにおいては，人々の生活や企業の活動のスタイルが大きく変容し，それらの結果としてNTTグループの経営成績や財政状態に影響を与える可能性があります。

　NTTグループでは，感染症の世界的な流行への対応にあたり，お客さま，パー

トナー，従業員を含む全ての関係者の健康と安全を確保しつつ，人々の生活や企業の活動にとって重要な情報通信サービスの安定的な利用の確保に取り組んでいます。当社及び通信事業を営む主要子会社は，人命尊重の視点から感染防止に努めつつ，指定公共機関としての責務を遂行するとともに，在宅勤務の普及等で増加傾向にあるトラフィックについても注視しながら，ネットワークの安定運用に必要な設備増強等の対策を講じています。

○　規制等，政府との関係に係るリスク等
政府の規制，株式保有等により事業に影響を与えるリスク

　日本の情報通信市場においては，競争促進や利用者保護等を目的とした電気通信関連の法改正等，多くの分野で規制の変更が行われてきています。

　政府等による規制に関する決定，それに伴う通信業界における環境変化は，NTTグループの経営成績や財政状態に影響を与える可能性があります。

　このようなリスクを踏まえ，NTTグループでは，政府等の情報通信政策や規制等の動向について必要な情報収集等を行うとともに，パブリックコメントやヒアリングの場を通じてNTTグループの考え方を主張する等，必要な対応を行っています。規制の内容等については「（参考情報）当社事業にかかる法規制等（1）規制」をご参照ください。

　また，NTTグループがサービスを提供するために使用できる周波数には限りがあります。スマートフォンやタブレット端末等の普及拡大に伴い，契約者当たりのトラフィック量が増加していく中，事業の円滑な運営のために必要な周波数が得られなかった場合や，新しい周波数帯域の運用開始が想定どおりに進まない場合に，サービス品質が低下したり，追加の費用が発生する可能性があります。さらには，サービスの提供が制約を受け，契約者が競合他社に移行し，NTTグループの経営成績や財政状態に影響を与える可能性があります。

　このようなリスクを踏まえ，NTTグループでは，新たな周波数の獲得に努めているほか，移動通信ネットワークにおけるキャリアアグリゲーション等，周波数利用効率の向上にも努めています。詳細については，「（参考情報）当社事業にかかる法規制等（1）規制 ③電波法」をご参照ください。

政府は現在当社の自己株式を除き発行済株式の34.25％（議決権比率34.29％）を保有しています。政府は株主として当社の株主総会での議決権を有していることから，最大株主として，理論的には株主総会等における決定に対し多大な影響力を行使する権限を有しています。しかしながら，政府は1997年の国会答弁において，基本的に当社の経営に積極的に関与する形での株主権の行使はしないことを表明しており，事実，過去において政府は当社の経営に直接関与するためにそのような権限を行使したことはありません。法令に基づく政府のNTTグループに対する規制権限については，「（参考情報）当社事業にかかる法規制等（1）規制」をご参照ください。

（参考情報）　当社事業にかかる法規制等
（1）　規制 ‥‥‥‥‥‥‥‥‥‥‥‥‥‥‥‥‥‥‥‥‥‥‥‥‥‥‥‥‥‥‥‥‥‥‥‥

　情報通信産業を所管する日本の主要な監督機関は総務省であり，総務大臣は電気通信事業者を規制する権限を「電気通信事業法」により付与されています。1985年，NTTが民営化されると同時に「電気通信事業法」が施行され，日本における電気通信事業の法規制の枠組みは大幅に変更されるとともに，日本の情報通信産業に競争が導入されました。それ以降，政府は日本の電気通信市場における競争を促進する様々な措置を講じています。この結果，NTTグループはその事業分野の多くで，新規参入企業や新規に事業参入しようとしている企業との競争激化に直面しています。

　当社及びその子会社の中には，その事業を行うにあたり，「電気通信事業法」のほか，「日本電信電話株式会社等に関する法律」及び「電波法」に基づく規制を受けている会社が存在します。その概要は次のとおりです。

① 電気通信事業法（昭和59年法律第86号）

　電気通信事業法による規制は次のとおりです。

（a）　電気通信事業者に課される規制

a　電気通信事業の開始等

　・基礎的電気通信役務（ユニバーサルサービス）の提供（第7条）

　　基礎的電気通信役務（国民生活に不可欠であるためあまねく日本全国にお

ける提供が確保されるべき次に掲げる電気通信役務）を提供する電気通信事業者は，その適切，公平かつ安定的な提供に努めなければならない。

・第一号基礎的電気通信役務

　加入電話（基本料）又は加入電話に相当する光IP電話，ワイヤレス固定電話，第一種公衆電話（総務省の基準に基づき設置される公衆電話），災害時用公衆電話，緊急通報（110番，118番，119番）等。

・第二号基礎的電気通信役務

　FTTHアクセスサービス，CATVアクセスサービス，専用型ワイヤレス固定ブロードバンドアクセスサービス

b　電気通信事業の開始等

・電気通信事業の開始についての総務大臣の登録制（第9条）

　ただし，設置する電気通信回線設備の規模及び設置する区域の範囲が一定の基準を超えない場合や電気通信回線設備を設置しない事業の開始については総務大臣への届出制となっています（第16条）。

・合併や株式取得等を行う際の電気通信事業の登録の更新制（第12条の2）

・電気通信事業の休廃止に関する総務大臣への届出制及び利用者への周知義務（第18条，第26条の4）

c　利用者料金その他の提供条件の設定等

・基礎的電気通信役務の契約約款の総務大臣への届出制（第19条）

　基礎的電気通信役務を提供する電気通信事業者は，基礎的電気通信役務に関する料金その他の提供条件について契約約款を定め，総務大臣に届け出ることとされています。

・消費者保護関連

　電気通信事業者は，契約前の説明義務（第26条），書面交付義務（第26条の2），初期契約解除制度（第26条の3），電気通信業務の休廃止の周知義務（第26条の4），苦情等処理義務（第27条），不実告知等や勧誘継続行為の禁止（第27条の2）及び媒介等業務受託者に対する指導等の措置義務（第27条の4）等が課されています。

（注）　基礎的電気通信役務　　国民生活に不可欠であるためあまねく日本全国における提供が確保されるべき電気通信役務（いわゆるユニバーサルサービス）として総務省令で定める

もの。具体的には加入電話（基本料）又は加入電話に相当する光IP電話，ワイヤレス固定電話，第一種公衆電話（総務省の基準に基づき設置される公衆電話），災害時用公衆電話，緊急通報（110番，118番，119番）等。

d 相互接続

- 電気通信回線設備への接続について他の電気通信事業者の請求に応ずる義務（第32条）

e ユニバーサルサービス基金制度

ユニバーサルサービス基金制度は，ユニバーサルサービスの確保に必要な費用を，主要な通信事業者全体で支えていくための制度です。

第一号基礎的電気通信役務については，その提供を確保するため，総務大臣の指定を受けた支援機関が，不採算地域等を含めて当該役務を提供する適格電気通信事業者（第108条）に対して，その提供に要する費用の一部に充てるための交付金を交付する（第107条）こととされており，これに伴い支援機関が必要とする費用については各電気通信事業者が応分の負担金を納付する義務を負う（第110条）こととされています。

東西地域会社は，総務大臣から適格電気通信事業者に指定されており，2022年度と2023年度の東西地域会社への補填額はそれぞれ67億円，63億円となっています。

第二号基礎的電気通信役務についても，第一号基礎的電気通信役務と同様に，支援機関が適格電気通信事業者（第110条の3）に対して，その提供に要する費用の一部に充てるための交付金を交付する（第107条）こととされており，必要な費用については各電気通信事業者が応分の負担金を納付する義務を負う（第110条の5）こととされています。

なお，東西地域会社は，日本電信電話株式会社等に関する法律により，第一号基礎的電気通信役務のみ全国提供を義務付けられています（第3条）。

(b) 東日本電信電話株式会社及び西日本電信電話株式会社（東西地域会社）のみに課される規制

a 利用者料金その他の提供条件の設定

- 指定電気通信役務に関する保障契約約款の総務大臣への届出制（第20条）

(point) 従業員の状況

主力セグメントや，これまで会社を支えてきたセグメントの人数が多い傾向があるのは当然のことだろう。上場している大企業であれば平均年齢は40歳前後だ。また労働組合の状況にページが割かれている場合がある。その情報を載せている背景として，労働組合の力が強く，人数を削減しにくい企業体質だということを意味している。

第一種指定電気通信設備を用いて提供する指定電気通信役務の料金その他の提供条件については，利用者と別段の合意がある場合を除き適用される保障契約約款を定め，総務大臣に届け出ることとされています。

・特定電気通信役務の料金の規制（第21条）

特定電気通信役務については，その料金の指数が総務大臣から通知される基準料金指数以下となる場合には総務大臣への届出制とする一方，基準料金指数を越える場合には総務大臣の認可を必要とする，いわゆる「プライスキャップ規制」が適用されています。

（注）	・第一種指定電気通信設備	各都道府県において電気通信事業者の設置する固定端末系伝送路設備のうち，同一の電気通信事業者が設置するものであって，各事業者の業務区域（NTT東日本の場合は東日本エリア全域，NTT西日本の場合は西日本エリア全域）内の総数の2分の1を超えるもの及びこれと一体として設置する電気通信設備で，他の電気通信事業者との接続が利用者の利便向上及び電気通信の総合的かつ合理的な発達に不可欠な設備として，総務大臣が指定するもの。具体的には，東西地域会社の主要な電気通信設備が指定されている。
	・指定電気通信役務	第一種指定電気通信設備を設置する電気通信事業者が当該設備を用いて提供する電気通信役務であって，他の電気通信事業者によって代替役務が十分提供されないこと等の事情を勘案して，適正な料金その他の提供条件に基づく提供を保障することにより利用者の利益を保護するため特に必要があるものとして総務省令で定めるもの。具体的には，加入電話，ISDN，公衆電話，専用サービス，フレッツ光，ひかり電話等であるが，利用者の利益に及ぼす影響が少ない付加的な機能の提供に係る役務等は除かれる。
	・特定電気通信役務	指定電気通信役務のうち利用者の利益に及ぼす影響が大きいものとして総務省令で定めるもの。具体的には，東西地域会社の提供する加入電話，ISDN，公衆電話。
	・基準料金指数	特定電気通信役務の種別ごとに，能率的な経営の下における適正な原価及び物価その他の経済事情を考慮して，通常実現することができると認められる水準の料金を表す指数として，総務大臣が定めるもの。
	・プライスキャップ規制	料金の上限を規制する制度のこと。なお，東西地域会社の実際の料金指数は，2022年10月1日から始まった1年間の基準料金指数を下回る水準にあることから，プライスキャップ規制に基づく値下げは行っていない。

b 相互接続等

・第一種指定電気通信設備との接続に関する接続約款の総務大臣の認可制（第33条）

（point）**業績等の概要**

この項目では今期の売上や営業利益などの業績がどうだったのか，収益が伸びたあるいは減少した理由は何か，そして伸ばすためにどんなことを行ったかということがセグメントごとに分かる。現在，会社がどのようなビジネスを行っているのか最も分かりやすい箇所だと言える。

東西地域会社は，第一種指定電気通信設備を有する電気通信事業者として，相互接続に係る接続料及び接続条件について接続約款を定め，接続料が能率的な経営の下における適正な原価を算定するものとして総務省令で定める方法により算定された原価に照らし公正妥当なものであること等を要件に総務大臣の認可を受けることになっています。

（電話接続料）

　　1998年5月，日米両政府の規制緩和等に関する共同報告の中で，日本政府は，接続料への長期増分費用方式の導入の意向を表明，2000年5月に長期増分費用方式の導入を定めた改正電気通信事業法が成立し，それ以降，同方式により接続料の値下げが行われました。また，その後，通信量が大幅に減少する中で，接続料の上昇による通話料の値上げを回避する観点から，NTSコスト（Non-Traffic Sensitive Cost，通信量に依存しない費用）を接続料原価から控除し基本料で回収することとされました（2004年10月の情報通信審議会答申）。

　　なお，NTSコストの一部については，ユニバーサルサービス基金の利用者負担の増加を抑制する観点から同基金の見直しが行われた際，基金の補填対象範囲の縮小分の負担について東西地域会社のみに負わせるのではなく，各事業者から公平に回収することが適当とされたことから，再度接続料原価に算入することとされています。

　　2022年度以降の接続料については，2021年の情報通信審議会における検討の結果，IP網への移行期間（2022年4月から2024年12月まで）において，引き続き長期増分費用方式を適用することとされました。

（光ファイバ接続料）

　　東西地域会社が有する光ファイバは，電気通信事業法における第一種指定電気通信設備として他事業者に認可料金（接続料）で貸し出すことを義務付けられています。

　　加入光ファイバ接続料については，接続料低廉化の見通しを示すことにより他事業者が参入しやすい環境を整えるため，2020年度から2022年度までの3年間を算定期間とする将来原価方式により算定しています。なお，今回の接続料に

おいても，実績接続料収入と実績費用の差額を次期以降の接続料原価に加えて調整する乖離額調整制度を導入しており，未回収リスクはないものと考えています。

　なお，加入光ファイバの分岐端末回線単位の接続料設定の問題については，情報通信行政・郵政行政審議会における検討の結果，依然として様々な解決すべき課題がある（2012年3月の情報通信行政・郵政行政審議会答申）とされ，分岐端末回線単位の接続料は設定されていません。

・第一種指定電気通信設備との接続に係る機能の休止及び廃止の周知（第33条の2）

　　東西地域会社は，第一種指定電気通信設備との接続に係る機能を休止・廃止しようとするときは，総務省令で定めるところにより，予め，当該機能を利用する他の電気通信事業者に対して，その旨を周知しなければならないとされています。

・第一種指定電気通信設備の機能に関する計画の総務大臣への届出制（第36条）

　　東西地域会社は，第一種指定電気通信設備の機能の変更又は追加の計画について，総務大臣に届け出ることとされています。

・第一種指定電気通信設備の共用に関する協定の総務大臣への届出制（第37条）

　　東西地域会社は，他の電気通信事業者との第一種指定電気通信設備の共用の協定について，総務大臣に届け出ることとされています。

・第一種指定電気通信設備を用いる卸電気通信役務に関する総務大臣への届出制（第38条の2）及び整理・公表制（第39条の2）

　　東西地域会社は，第一種指定電気通信設備を用いる卸電気通信役務の提供の業務を開始・変更・廃止したときは，その旨，卸電気通信役務の種類，一定の要件を満たす卸先事業者に対する料金その他の提供条件等を総務大臣に届け出ることとされています。また，総務大臣は，当該届出に関して作成し，又は取得した情報について，整理・公表することとされています。

ｃ　禁止行為

　東西地域会社は，市場支配的な事業者として，接続情報の目的外利用や他の

電気通信事業者に対し不当に優先的な取扱いを行うこと等を禁止されている（第30条）ほか，特定関係事業者として総務大臣に指定されたエヌ・ティ・ティ・コミュニケーションズ株式会社及び株式会社NTTドコモとの役員兼任等の禁止（第31条）が定められています。

また，東西地域会社の業務委託先子会社において禁止行為が行われないよう，東西地域会社が委託先子会社に対し必要かつ適切な監督を行うことや，東西地域会社が接続の業務に関して知り得た情報の適切な管理，接続の業務の実施状況を適切に監視するための体制の整備等が義務付けられています（第31条）。

したがって，NTTグループ内の電気通信事業者間で排他的に連携してサービスを提供することには一定の制約があり，NTTグループとしては，この禁止行為規制を含め公正競争条件を確保しつつ市場ニーズに応じたサービスを提供していく考えですが，例えば，新サービスの迅速な提供に支障をきたす等の影響が生じる可能性があります。

(c) 株式会社NTTドコモに課される規制

a 相互接続等

・第二種指定電気通信設備との接続に関する接続約款の総務大臣への届出制（第34条）

　株式会社NTTドコモの携帯電話に係る主要な電気通信設備については，他の電気通信事業者との適正かつ円滑な接続を確保すべきものとして総務大臣より第二種指定電気通信設備に指定されており，他の電気通信事業者の電気通信設備との接続に関し，接続料及び接続の条件について接続約款を定め，総務大臣に届け出ることとされています。

・第二種指定電気通信設備との接続に係る機能の休止及び廃止の周知（第34条の2）

　株式会社NTTドコモは，第二種指定電気通信設備との接続に係る機能を休止・廃止しようとするときは，総務省令で定めるところにより，予め，当該機能を利用する他の電気通信事業者に対して，その旨を周知しなければならないとされています。

・第二種指定電気通信設備を用いる卸電気通信役務に関する総務大臣への届出制（第38条の2）及び整理・公表制（第39条の2）

　　株式会社NTTドコモは，第二種指定電気通信設備を用いる卸電気通信役務の提供の業務を開始・変更・廃止したときは，その旨，卸電気通信役務の種類，一定の要件を満たす卸先事業者に対する料金その他の提供条件等を総務大臣に届け出ることとされています。また，総務大臣は，当該届出に関して作成し，又は取得した情報について，整理・公表することとされています。

　なお，第二種指定電気通信設備に関する規制については，株式会社NTTドコモのほか，第二種指定電気通信設備を設置する全ての電気通信事業者に課されています。

b　禁止行為

　株式会社NTTドコモは，電気通信事業者間の競争環境の確保の観点から，端末を販売等しない場合よりも端末を販売等する際の通信料金を有利にすることや，行き過ぎた期間拘束により利用者を囲い込むこと等を禁止されています（第27条の3）。なお，本規定については，株式会社NTTドコモのほか，総務大臣に指定された事業者に課されています。

　また，株式会社NTTドコモは，市場支配的な事業者として，接続情報の目的外利用やグループ内の事業者であって総務大臣が指定するものに対し不当に優先的な取扱いを行うこと等を禁止されています（第30条）。

(注)　・第二種指定電気通信設備　　電気通信事業者の設置する特定移動端末設備（携帯電話端末・BWA端末）に接続される伝送路設備のうち同一の電気通信事業者が設置するものであって，その業務区域内の全ての当該伝送路設備の総数の10分の1を超えるもの及びその事業者が当該電気通信役務を提供するために設置する電気通信設備で，他の電気通信事業者の電気通信設備との適正かつ円滑な接続を確保すべき設備として，総務大臣が指定するもの。

② **日本電信電話株式会社等に関する法律（昭和59年法律第85号）**

(a)　**概要**

　1997年6月に公布された「日本電信電話株式会社法の一部を改正する法律」は，1999年7月に施行されました（これにより「日本電信電話株式会社法」は「日本

電信電話株式会社等に関する法律」に改題され，当社を純粋持株会社とする再編成がおこなわれました。）。同法は2001年6月公布，同年11月施行の「電気通信事業法等の一部を改正する法律」等によっても改正されています。

一　目的

1　当社は，東西地域会社がそれぞれ発行する株式の総数を保有し，これらの株式会社による適切かつ安定的な電気通信役務の提供の確保を図ること並びに電気通信の基盤となる電気通信技術に関する研究を行うことを目的とする株式会社とする。

2　東西地域会社は，地域電気通信事業を経営することを目的とする株式会社とする。

二　事業

1　当社は，その目的を達成するため，次の業務を営むものとする。

（1）　東西地域会社が発行する株式の引受け及び保有並びに当該株式の株主としての権利の行使をすること

（2）　東西地域会社に対し，必要な助言，あっせんその他の援助を行うこと

（3）　電気通信の基盤となる電気通信技術に関する研究を行うこと

（4）　（1）（2）及び（3）に掲げる業務に附帯する業務

2　当社は，二の1に掲げる業務を営むほか，総務大臣へ届け出ることによって，その目的を達成するために必要な業務を営むことができる。

3　東西地域会社は，その目的を達成するため，次の業務を営むものとする。

（1）　それぞれ次に掲げる都道府県の区域において行う地域電気通信業務

イ　東日本電信電話株式会社にあっては，北海道，青森県，岩手県，宮城県，秋田県，山形県，福島県，茨城県，栃木県，群馬県，埼玉県，千葉県，東京都，神奈川県，新潟県，山梨県及び長野県

ロ　西日本電信電話株式会社にあっては，京都府及び大阪府並びにイに掲げる県以外の県

（2）　二の3の（1）に掲げる業務に附帯する業務

4　東西地域会社は，総務大臣へ届け出ることによって，次の業務を営むことができる。

(1)　二の3に掲げるもののほか，東西地域会社の目的を達成するために必要な業務

(2)　それぞれ二の3の（1）により地域電気通信業務を営むものとされた都道府県の区域（目的業務区域）以外の都道府県の区域において行う地域電気通信業務

5　地域電気通信業務は，東西地域会社が自ら設置する電気通信設備を用いて行わなければならない。ただし，電話の役務をあまねく目的業務区域において適切，公平かつ安定的に提供することを確保するために必要があると認められる場合に，総務大臣の認可により，他の電気通信事業者の設備（無線設備）を用いて電話を提供することができる。

6　東西地域会社は，3，4に規定する業務のほか，総務大臣へ届け出ることによって，地域電気通信業務の円滑な遂行及び電気通信事業の公正な競争の確保に支障のない範囲内で，3に規定する業務を営むために保有する設備若しくは技術又はその職員を活用して行う電気通信業務その他の業務を営むことができる。

三　責務

当社及び東西地域会社は，それぞれその事業を営むに当たっては，常に経営が適正かつ効率的に行われるように配意し，国民生活に不可欠な電話の役務のあまねく日本全国における適切，公平かつ安定的な提供の確保に寄与するとともに，今後の社会経済の進展に果たすべき電気通信の役割の重要性にかんがみ，電気通信技術に関する研究の推進及びその成果の普及を通じて我が国の電気通信の創意ある向上発展に寄与し，もって公共の福祉の増進に資するよう努めなければならない。

(b)　総務大臣の認可を必要とする事項

・当社及び東西地域会社の新株及び新株予約権付社債の発行（第4条，第5条）

　　（注）　当社は，総務省令で定める一定の株式数に達するまでは，認可を受けなくても総務大臣に届け出ることにより新株の発行が可能（附則第14条）

・当社の取締役及び監査役の選任及び解任の決議（第10条）

　　（注）　日本の国籍を有しない人は，当社及び東西地域会社の取締役又は監査役となることができない

・当社及び東西地域会社の定款の変更，合併，分割及び解散の決議，当社の剰余金処分の決議（第11条）
・当社及び東西地域会社の事業計画及び事業計画の変更（第12条）
・東西地域会社の重要な設備の譲渡及び担保に供すること（第14条）

(c) その他総務大臣に対する義務
・当社及び東西地域会社の貸借対照表，損益計算書，事業報告書の提出（第13条）
・当社及び東西地域会社への命令を受ける義務（第16条）
・当社及び東西地域会社の業務に関する報告の要求に応じる義務（第17条）

③ 電波法（昭和25年法律第131号）
(a) 総務大臣の免許を必要とする事項
・無線局の開設（第4条）
(b) 総務大臣の許可を必要とする事項
・無線局の目的，通信の相手方，通信事項等の変更等（第17条）

（携帯電話の周波数帯割当て）
　移動通信事業において，事業者が無線周波数帯域を使用するためには日本政府（総務省）の免許が必要となります。周波数帯の割当ては電波法及び関連する法令等により規定されています。

(2) 当社株式に係る事項 ··
① 外国人等議決権割合の制限（日本電信電話株式会社等に関する法律　第6条）
　当社は，外国人等議決権割合が三分の一以上になるときは，その氏名及び住所を株主名簿に記載し，又は記録してはならない。

> （注）外国人等　一　日本の国籍を有しない人
> 　　　　　　　　二　外国政府又はその代表者
> 　　　　　　　　三　外国の法人又は団体
> 　　　　　　　　四　前三号に掲げる者により直接に占められる議決権の割合が総務省令で定める割

　なお，当社定款において，株主名簿に記載又は記録された株主又は登録株式質権者，及びその有する株式の全部若しくは一部について日本電信電話株式会社等に関する法律第6条に基づき，株主名簿に記載されなかった若しくは記録されなかった株主又は当該株主の有する株式の質権者に対して，剰余金の配当をすることができる旨を規定しています。

② **政府による当社の株式保有義務（日本電信電話株式会社等に関する法律　第4条）**

　政府は，常時，当社の発行済株式の総数の三分の一以上に当たる株式を保有していなければならない。

(注)　発行済株式の総数の算定方法の特例（日本電信電話株式会社等に関する法律　附則第13条）

　　・第4条第1項の規定の適用については，当分の間，新株募集若しくは新株予約権の行使による株式の発行又は取得請求権付株式若しくは取得条項付株式の取得と引換えの株式の交付があった場合には，これらによる株式の各増加数（「不算入株式数」）は，それぞれ第4条第1項の発行済株式の総数に算入しないものとする。

　　・前項に規定する株式の増加後において株式の分割又は併合があった場合は，不算入株式数に分割又は併合の比率（二以上の段階にわたる分割又は併合があった場合は，全段階の比率の積に相当する比率）を乗じて得た数をもって，同項の発行済株式の総数に算入しない株式の数とする。

　2023年3月31日時点の当社の発行済株式総数は3,622,012,656株であり，同日現在の政府保有株式数は1,167,975,704株，即ち，自己株式除き発行済株式総数の34.25%となっています。

(注)　当社は2000年12月に公募増資により30万株（2009年1月4日付の株式分割，2015年7月1日付の株式分割及び2020年1月1日付の株式分割後に換算すると1億2,000万株）の新株発行を実施しました。これらの株式は，前述のとおり，政府が保有する株式の比率を計算する際には発行済株式総数には算入されません。また，政府保有株式数には名義書換失念株等の政府が実質的に保有していない株式が含まれているため，これらの株式は，政府が保有する株式の比率を計算する際には政府保有株式数に算入していません。これらの条　件を考慮すると，政府が保有する株式の比率は33.33%となります。

　NTTグループと政府の各種部門・機関との取引は，個別の顧客として，かつ独立当事者間の取引として行われています。政府は，株主としての資格において当社の株主総会で議決権を行使し，筆頭株主としての立場から，理論上は株主総会での大多数の決議に重大な影響力を及ぼす権限を有します。しかしながら，過去に政府がこの権限を行使して当社の経営に直接関与したことはありません。

③　政府保有株式の売却について

　政府の保有する当社株式の処分は，その年度の予算をもって国会の議決を経た限度数の範囲内でなければならない（日本電信電話株式会社等に関する法律　第7条）

・売却の経緯及び売却方針について（第一次売出から第六次売出について）

　　当社は発行済株式総数1,560万株で設立され，政府が売却可能である当社株式1,040万株（政府による保有が義務付けられた全体の三分の一に当たる520万株を除いた株式）のうち540万株については，1986〜1988年度において売却されました。

　　また，1990年12月17日に，未売却となっていた500万株のうち，イ）250万株について毎年度50万株程度を計画的に売却することを基本とすること，ロ）後年度において市場環境から許容される場合，計画の前倒しによる売却があり得ること，ハ）残余の250万株については，当分の間，売却を凍結するという売却方針が大蔵省（当時）より示されました。（ただし，1997年度まで，市場環境等により実際の売却は見送られました。）

　　1998年度においては，1998年12月に100万株について売却が実施されました。

　　1999年度においては，100万株が売却限度数として計上されていましたが，このうち48,000株については1999年7月13日の当社の自己株式買入において売却が実施され，残りの952,000株については1999年11月に売却が実施されました。また，上記の1990年12月に示された売却方針については終了しました。

　　2000年度においては，2000年11月に100万株の売却が実施されました。。

・政府保有株式の売却実績について

　提出日現在までの政府保有株式の売却実績については，下表のとおりです。

年度	政府の売却実績		
	売却時期	売却株数	売却方法
1986年度	1987年 2月　（第一次売出）	200,000株	一般競争入札
		1,750,000株	証券会社による「売り出しの取り扱い」
1987年度	1987年11月　（第二次売出）	1,950,000株	証券会社による「引受」「売り出しの取り扱い」
1988年度	1988年10月　（第三次売出）	1,500,000株	証券会社による「引受」「売り出しの取り扱い」
1998年度	1998年12月　（第四次売出）	1,000,000株	ブックビルディング方式による株式売り出し
1999年度	1999年 7月13日	48,000株	自己株式買入
	1999年11月　（第五次売出）	952,000株	ブックビルディング方式による株式売り出し
2000年度	2000年11月　（第六次売出）	1,000,000株	ブックビルディング方式による株式売り出し
2002年度	2002年10月 8日	91,800株	自己株式買入
2003年度	2003年10月15日	85,157株	自己株式買入
2004年度	2004年11月26日	800,000株	自己株式買入
2005年度	2005年 9月 6日	1,123,043株	自己株式買入
2011年度	2011年 7月 5日	57,513,600株	自己株式買入
	2012年 2月 8日	41,820,600株	自己株式買入
2013年度	2014年 3月 7日	26,010,000株	自己株式買入
2014年度	2014年11月14日	35,088,600株	自己株式買入
	2014年11月28日	1,068,100株	自己株式買入
2016年度	2016年 6月14日	59,000,000株	自己株式買入
2019年度	2019年 9月11日	48,666,700株	自己株式買入
2022年度	2022年 9月15日	92,925,400株	自己株式買入

（注）1. 1995年11月24日を効力発生日として，普通株式1株につき1.02株の割合をもって株式分割いたしました。

　　　2. 2009年1月4日を効力発生日として，普通株式1株につき100株の割合をもって株式分割いたしました。

　　　3. 2015年7月1日を効力発生日として，普通株式1株につき2株の割合をもって株式分割いたしました。

　　　4. 2020年1月1日を効力発生日として，普通株式1株につき2株の割合をもって株式分割いたしました。

文中の将来に関する事項は，本有価証券報告書提出日現在において判断したものです。

（1） 経営成績の状況の分析（連結）

営業収益

NTTグループの営業収益は，固定音声関連，移動音声関連，IP系・パケット通信，通信端末機器販売，システムインテグレーション及びその他の6つのサービス分野に区分しています。

当連結会計年度の営業収益は，前期比8.1％増加し，13兆1,362億円となりました。これは，固定音声関連収入や移動音声関連収入の減収はあるものの，システムインテグレーション収入やその他の営業収入の増加等によるものです。

当連結会計年度の各サービス分野における営業収益の概要は，次のとおりです。

・固定音声関連収入

固定音声関連サービスには，加入電話，INSネット，一般専用，高速ディジタル伝送等，地域通信事業セグメントと総合ICT事業セグメントの一部が含まれています。

当連結会計年度における固定音声関連収入は，前期比4.9％減少し，8,712億円となりました。これは，携帯電話やIP電話の普及，OTT※事業者が提供する無料又は低価格の通信サービスの増加等により，加入電話やINSネットの契約数が引き続き減少したこと等によるものです。

(注) Over The Topの略。自社でサービスの配信に必要な通信インフラを持たずに，他社の通信インフラを利用してコンテンツ配信を行うサービス。

・移動音声関連収入

移動音声関連サービスには，5GやLTE（Xi）等における音声通話サービス等の総合ICT事業セグメントの一部が含まれています。

当連結会計年度における移動音声関連収入は，前期比5.1%減少し，1兆464億円となりました。これは，主にahamo等の料金プラン導入によるお客さま還元の拡大により，収入の減少があったこと等によるものです。

・IP系・パケット通信収入

IP系・パケット通信サービスには，「フレッツ光」等の地域通信事業セグメントの一部や，5GやLTE（Xi）等におけるパケット通信サービスやArcstar Universal One，IP-VPN，OCN等の総合ICT事業セグメントの一部が含まれています。

当連結会計年度におけるIP系・パケット通信収入は，前期比0.0%減少し，3兆4,440億円となりました。

・通信端末機器販売収入

通信端末機器販売には，総合ICT事業セグメント，地域通信事業セグメントの一部が含まれています。

当連結会計年度における通信端末機器販売収入は，前期比8.9%増加し，7,562億円となりました。これは，総合ICT事業セグメントにおいて，端末機器販売単価の上昇に伴い収益が拡大したこと等によるものです。

・システムインテグレーション収入

システムインテグレーションには，グローバル・ソリューション事業セグメント，総合ICT事業セグメント，地域通信事業セグメントの一部が含まれています。

当連結会計年度のシステムインテグレーション収入は，前期比13.4%増加し，4兆5,465億円となりました。これは，グローバル・ソリューション事業セグメントにおいて，国内外ともに，旺盛なデジタル化需要を取り込んだこと等によるものです。

・その他の営業収入

その他のサービスには，主に建築物の保守，不動産賃貸，電力販売，総合ICT事業セグメントにおけるスマートライフ事業等が含まれています。

当連結会計年度のその他の営業収入は，前期比24.2%増加し，2兆4,720億

円となりました。これは，エネルギー事業における電気料収入の増加等によるものです。

営業費用

　当連結会計年度の営業費用は前期比8.9％増加し，11兆3,072億円となりました。主な要因は以下のとおりです。

・**人件費**

　当連結会計年度の人件費は，前期比7.9％増加し，2兆7,687億円となりました。これは，グローバル・ソリューション事業セグメントにおいて，事業の業容拡大により人件費が増加したこと等によるものです。

・**経費**

　当連結会計年度の経費は，前期比12.4％増加し，6兆5,633億円となりました。これは電気料収入の増加等に伴い，収益連動費用が増加したこと等によるものです。

・**減価償却費**

　当連結会計年度の減価償却費は，前期比1.4％増加し，1兆5,826億円となりました。

営業利益

　以上の結果，当連結会計年度の営業利益は，前期比3.4％増加し，1兆8,290億円となりました。

金融損益

　当連結会計年度の金融損益は，前期の72億円に対し△253億円となりました。これは，金利上昇等により支払利息が増加したこと等によるものです。

持分法による投資損益

　当連結会計年度の持分法による投資損益は，前期比28.9％減少し，140億円となりました。

税引前利益

　以上の結果，当連結会計年度の税引前利益は前期比1.2％増加し，1兆8,177億円となりました。

法人税等

当連結会計年度の法人税等は，前期比2.7%減少し，5,249億円となりました。前連結会計年度，当連結会計年度の税負担率は，それぞれ30.05%，28.88%となっています。

当社に帰属する当期利益

以上の結果，当連結会計年度の当期利益は前期比2.9%増加し，1兆2,928億円となりました。また，非支配持分に帰属する当期利益を控除した当社に帰属する当期利益は，前期比2.7%増加し，1兆2,131億円となりました。

業績の内訳は次のとおりです。

（単位：億円）

	前連結会計年度 (2021年4月1日から 2022年3月31日まで)	当連結会計年度 (2022年4月1日から 2023年3月31日まで)	増減	増減率
営業収益	121,564	131,362	9,797	8.1%
固定音声関連収入	9,161	8,712	△449	△4.9%
移動音声関連収入	11,025	10,464	△562	△5.1%
IP系・パケット通信収入	34,448	34,440	△8	△0.0%
通信端末機器販売収入	6,947	7,562	615	8.9%
システムインテグレーション収入	40,081	45,465	5,384	13.4%
その他の営業収入	19,902	24,720	4,817	24.2%
営業費用	103,879	113,072	9,194	8.9%
人件費	25,661	27,687	2,026	7.9%
経費	58,394	65,633	7,238	12.4%
減価償却費	15,612	15,826	214	1.4%
その他	4,211	3,926	△285	△6.8%
営業利益	17,686	18,290	604	3.4%
金融損益	72	△253	△325	—
持分法による投資損益	197	140	△57	△28.9%
税引前利益	17,955	18,177	222	1.2%
法人税等	5,395	5,249	△146	△2.7%
当期利益	12,560	12,928	368	2.9%
控除：非支配持分に帰属する当期利益	749	796	47	6.3%
当社に帰属する当期利益	11,811	12,131	320	2.7%

（2） 経営成績の状況の分析（セグメント）

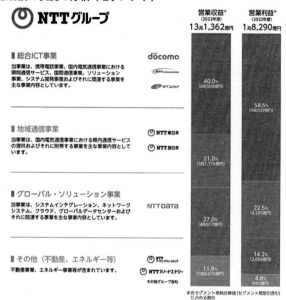

総合ICT事業セグメントには，固定音声関連サービス，移動音声関連サービス，IP系・パケット通信サービス，通信端末機器販売，システムインテグレーションサービス，その他が含まれています。

地域通信事業セグメントには，固定音声関連サービス，IP系・パケット通信サービス，通信端末機器販売，システムインテグレーションサービス，その他が含まれています。

グローバル・ソリューション事業セグメントには，主にシステムインテグレーションサービスが含まれています。

また，その他（不動産，エネルギー等）には，主に建築物の保守，不動産賃貸，電力販売，研究開発等に係るその他のサービスが含まれています。

当連結会計年度における各セグメントの営業実績の概要は，次のとおりです。なお，各セグメントの営業実績の記載における営業収益・営業費用・営業利益は，セグメント間取引を含めています。また，当社グループは電気通信事業等の事業

を行っており，生産，受注といった区分による表示が困難であるため，セグメントごとに生産規模，受注規模を金額あるいは数量で示すことはしていません。このため，生産，受注及び販売の状況については各セグメントの営業業績に関連付けて示しています。

① 総合ICT事業セグメント

　総合ICT事業セグメントにおける当連結会計年度の営業収益は，ahamo等の料金プラン導入によるお客さま還元の拡大による減収の影響があったものの，法人事業の拡大や，金融・決済，マーケティングソリューションを始めとするスマートライフ事業の拡大等により6兆590億円（前期比3.2％増）となりました。一方，当連結会計年度の営業費用は，収益連動費用の増加等により4兆9,651億円（前期比3.5％増）となりました。この結果，当連結会計年度の営業利益は1兆939億円（前期比2.0％増）となりました。

セグメント業績の概要

（単位：億円）

	前連結会計年度 （2021年4月1日から 2022年3月31日まで）	当連結会計年度 （2022年4月1日から 2023年3月31日まで）	増減	増減率
営業収益	58,702	60,590	1,888	3.2%
固定音声関連サービス	1,760	1,727	△34	△1.9%
移動音声関連サービス	11,099	10,542	△557	△5.0%
IP系・パケット通信サービス	23,043	22,926	△117	△0.5%
通信端末機器販売	6,290	6,860	570	9.1%
システムインテグレーションサービス	5,252	6,095	843	16.0%
その他	11,257	12,440	1,182	10.5%
営業費用	47,976	49,651	1,674	3.5%
人件費	4,707	4,765	57	1.2%
経費	34,300	35,818	1,518	4.4%
減価償却費	7,799	7,859	59	0.8%
その他	1,170	1,209	39	3.4%
営業利益	10,725	10,939	213	2.0%

《契約数，ARPU》

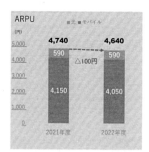

　2023年3月31日現在，NTTドコモの携帯電話サービスの契約数は8,749万契約となり，前期末時点の8,475万契約から1年間で274万契約増加しました。また，解約率は前期比0.03ポイント増加し，0.65％となりました。

　当連結会計年度における総合ARPUは4,640円と，前期の4,740円に比べ100円（2.1％）減少しました。これは，モバイルARPUが，ahamo等の料金プラン導入によるお客さま還元の拡大により4,050円となり，前期の4,150円に比べ

て100円（2.4%）減少したことによるものです。

総合ICT事業セグメントの契約数及び市場シェア

（単位：千契約）

サービスの種類	2022年3月31日現在	2023年3月31日現在	増減	増減率
携帯電話サービス	84,752	87,495	2,742	3.2%
5Gサービス	11,530	20,602	9,072	78.7%
LTE（Xi）サービス	61,396	57,771	△3,625	△5.9%
FOMAサービス	11,826	9,122	△2,704	△22.9%
携帯電話市場シェア	43.4%	43.1%	△0.3ポイント	―
spモードサービス	50,099	51,673	1,574	3.1%
iモードサービス	2,675	1,627	△1,048	△39.2%
ぷらら（ISP）	3,889	3,733	△156	△4.0%
OCN（ISP）	7,018	7,301	283	4.0%
ひかりTV	2,952	884	△2,068	△70.0%

（注）1. 携帯電話サービス契約数には，MVNOとの契約及び通信モジュールサービス契約数を含めて記載しています。
　　　2. 他社契約数については，一般社団法人電気通信事業者協会及び各社が発表した数値を基に算出しています。
　　　3. spモードサービスには，ahamo契約数及びOCNモバイル契約数を含めて記載しています。

ARPU

区分	前連結会計年度 （2021年4月1日から 2022年3月31日まで）	当連結会計年度 （2022年4月1日から 2023年3月31日まで）	増減	増減率
総合ARPU（円）	4,740	4,640	△100	△2.1%
モバイルARPU（円）	4,150	4,050	△100	△2.4%
光ARPU（円）	590	590	―	―

（注）1. ARPUの算定式については「（注）2. ARPUの算定式（b）NTTドコモ」をご参照ください。
　　　2. モバイルARPUにOCNモバイル関連収入・契約数を含めて算出しています。

② 地域通信事業セグメント

---

point 対処すべき課題

　　有報のなかで最も重要であり注目すべき項目。今，事業のなかで何かしら問題があればそれに対してどんな対策があるのか，上手くいっている部分をどう伸ばしていくのかなどの重要なヒントを得ることができる。また今後の成長に向けた技術開発の方向性や，新規事業の戦略ついての理解を深めることができる。

地域通信事業セグメントにおける当連結会計年度の営業収益は，子会社収入等の増加によるその他営業収入の増加等があったものの，固定音声関連サービス収入の減少等により3兆1,776億円（前期比0.9％減）となりました。一方，当連結会計年度の営業費用は，電気代の高騰影響による経費の増加があったものの，前年度に計上した減損損失が無くなる影響やコスト効率化の取組みによる費用の減少等により2兆7,571億円（前期比0.4％減）となりました。この結果，当連結会計年度の営業利益は4,205億円（前期比4.4％減）となりました。

セグメント業績の概要

（単位：億円）

	前連結会計年度 （2021年4月1日から 2022年3月31日まで）	当連結会計年度 （2022年4月1日から 2023年3月31日まで）	増減	増減率
営業収益	32,076	31,776	△300	△0.9%
固定音声関連サービス	9,320	8,762	△558	△6.0%
IP系・パケット通信サービス	15,986	16,011	25	0.2%
通信端末機器販売	677	712	35	5.2%
システムインテグレーションサービス	2,193	2,078	△116	△5.3%
その他	3,899	4,212	313	8.0%
営業費用	27,676	27,571	△105	△0.4%
人件費	6,574	6,405	△170	△2.6%
経費	14,576	14,885	309	2.1%
減価償却費	4,213	4,196	△17	△0.4%
その他	2,312	2,086	△226	△9.8%
営業利益	4,400	4,205	△195	△4.4%

加入電話及びINSネットの契約数

（単位：千加入／回線）

サービスの種類	2022年3月31日現在	2023年3月31日現在	増減	増減率
（NTT東日本）				
加入電話	6,597	6,142	△455	△6.9%
INSネット	803	718	△85	△10.6%
（NTT西日本）				
加入電話	6,527	5,966	△561	△8.6%
INSネット	801	716	△84	△10.5%

（注）1. 加入電話は，一般加入電話とビル電話を合算しています（加入電話・ライトプランを含む）。
　　　2. 「INSネット」には，「INSネット64」及び「INSネット1500」が含まれています。「INSネット1500」は，チャネル数，伝送速度，回線使用料（基本料）のいずれについても「INSネット64」の10倍程度で

あることから，「INSネット1500」の1契約を「INSネット64」の10倍に換算しています（INSネット64・ライトを含む）。

　加入電話やINSネットについて，お客さまのニーズが携帯電話，IP電話，OTT事業者が提供する無料又は低価格の通信サービス等へと移行していること等に伴い，2023年3月31日現在の固定電話契約数（固定電話＋INSネット）は，前期比1,185千契約減少し，13,542千契約となりました。

　フレッツ光（コラボ光含む），フレッツ・ADSL，ひかり電話，フレッツ・テレビ伝送サービスの契約数

（単位：千契約）

サービスの種類	2022年3月31日現在	2023年3月31日現在	増減	増減率
(NTT東日本)				
フレッツ光（コラボ光含む）	13,156	13,326	170	1.3%
（再掲）コラボ光	9,573	9,871	297	3.1%
フレッツ・ADSL	120	5	△115	△96.0%
ひかり電話（千チャネル）	10,075	10,058	△17	△0.2%
フレッツ・テレビ伝送サービス	1,154	1,177	24	2.0%
(NTT西日本)				
フレッツ光（コラボ光含む）	10,110	10,249	139	1.4%
（再掲）コラボ光	6,719	6,938	219	3.3%
フレッツ・ADSL	166	53	△113	△68.2%
ひかり電話（千チャネル）	8,707	8,694	△13	△0.1%
フレッツ・テレビ伝送サービス	841	888	47	5.6%

（注）1.「フレッツ光（コラボ光含む）」はNTT東日本の「フレッツ 光クロス」，「フレッツ 光ネクスト」，「フレッツ 光ライト」，「フレッツ 光ライトプラス」，「フレッツ 光WiFiアクセス」及び「ひかり電話ネクスト（光IP電話）」，NTT西日本の「フレッツ 光クロス」，「フレッツ 光ネクスト」，「フレッツ 光マイタウン ネクスト」，「フレッツ 光ライト」及び「ひかり電話ネクスト（IP電話サービス）」，並びにNTT東日本及びNTT西日本がサービス提供事業者に卸提供しているサービス（コラボ光）を含めて記載しています。

　　　2.「ひかり電話」，「フレッツ・テレビ伝送サービス」は，NTT東日本及びNTT西日本がサービス提供事業者に卸提供しているサービスを含めて記載しています。

　2023年3月31日現在の「フレッツ光（コラボ光含む）」の契約数は，「光コラボレーションモデル」の展開等に取り組んだ結果，23,575千契約（前期比309千契約（1.3％）増），「ひかり電話」の契約数は，18,752千チャネル（前期比30千チャネル（0.2％）減），「フレッツ・テレビ」の契約数は，2,066千契約（前期比71千契約（3.5％）増）となりました。

固定通信サービスにおける固定電話総合ARPU（加入電話＋INSネット）及びフレッツ光ARPU

（単位：円）

サービスの種類	前連結会計年度 （2021年4月1日から 2022年3月31日まで）	当連結会計年度 （2022年4月1日から 2023年3月31日まで）	増減	増減率
（NTT東日本）				
固定電話総合ARPU（加入電話+INSネット）	2,530	2,550	20	0.8%
フレッツ光ARPU	4,570	4,490	△80	△1.8%
基本利用料ARPU	3,350	3,310	△40	△1.2%
付加サービスARPU	1,220	1,180	△40	△3.3%
（NTT西日本）				
固定電話総合ARPU（加入電話+INSネット）	2,510	2,540	30	1.2%
フレッツ光ARPU	4,620	4,550	△70	△1.5%
基本利用料ARPU	3,220	3,190	△30	△0.9%
付加サービスARPU	1,400	1,360	△40	△2.9%

（注） 各ARPUについては,「（注）1. ARPU（Average monthly Revenue Per Unit）」「（注）2. ARPUの算定式（a）NTT東日本, NTT西日本」をご参照ください。

当連結会計年度における固定電話総合ARPU（加入電話＋INSネット）は, 前期に比べ, NTT東日本が20円（0.8％）増加し2,550円, NTT西日本が30円（1.2％）増加し2,540円となりました。

当連結会計年度におけるフレッツ光ARPUは, 前期に比べ, NTT東日本が80円（1.8％）減少し4,490円, NTT西日本が70円（1.5％）減少し4,550円となりました。これは,「光コラボレーションモデル」の進展に伴う単金減等によるものです。

③ グローバル・ソリューション事業セグメント

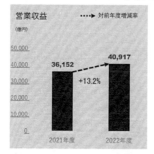

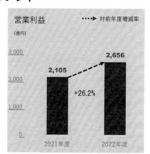

グローバル・ソリューション事業セグメントにおける当連結会計年度の営業収益は, 国内外での旺盛なデジタル化需要の取り込みに加え, 為替影響等により4

(point) **事業等のリスク**

「対処すべき課題」の次に重要な項目。新規参入により長期的に価格競争が激しくなり企業の体力が奪われるようなことがあるため, その事業がどの程度参入障壁が高く安定したビジネスなのかなど考えるきっかけになる。また, 規制や法律, 訴訟なども企業によっては大きな問題になる可能性があるため, 注意深く読む必要がある。

兆917億円（前期比13.2％増）となりました。一方，当連結会計年度の営業費用は，収益連動費用の増加等により3兆8,261億円（前期比12.4％増）となりました。この結果，当連結会計年度の営業利益は2,656億円（前期比26.2％増）となりました。

セグメント業績の概要 （単位：億円）

	前連結会計年度 （2021年4月1日から 2022年3月31日まで）	当連結会計年度 （2022年4月1日から 2023年3月31日まで）	増減	増減率
営業収益	36,152	40,917	4,765	13.2%
システムインテグレーションサービス	36,136	40,917	4,781	13.2%
その他	16	ー	△16	△100.0%
営業費用	34,047	38,261	4,214	12.4%
人件費	12,637	14,776	2,138	16.9%
経費	17,915	20,092	2,178	12.2%
減価償却費	3,091	3,144	54	1.7%
その他	404	249	△156	△38.5%
営業利益	2,105	2,656	551	26.2%

④ その他（不動産，エネルギー等）

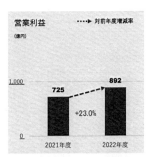

その他（不動産，エネルギー等）における当連結会計年度の営業収益は，エネルギー事業の電気料収入の増等により1兆8,070億円（前期比29.4％増）となりました。一方，当連結会計年度の営業費用はエネルギー事業の電気料収入の増加等に伴い，収益連動費用が増加したこと等により1兆7,179億円（前期比29.8％増）となりました。この結果，営業利益は892億円（前期比23.0％増）となりま

した。

業績の概要

(単位：億円)

	前連結会計年度 (2021年4月1日から 2022年3月31日まで)	当連結会計年度 (2022年4月1日から 2023年3月31日まで)	増減	増減率
営業収益	13,960	18,070	4,111	29.4%
システムインテグレーションサービス	405	571	166	41.0%
その他	13,554	17,499	3,945	29.1%
営業費用	13,235	17,179	3,944	29.8%
人件費	2,488	2,654	167	6.7%
経費	9,141	12,783	3,642	39.8%
減価償却費	1,189	1,269	81	6.8%
その他	417	472	54	13.0%
営業利益	725	892	167	23.0%

（参考）　国内売上高及び海外売上高に関する情報

　国内における当連結会計年度の営業収益は，総合ICT事業セグメントにおいて，ahamo等の料金プラン導入によるお客さま還元拡大による減収があったものの，エネルギー事業における電気料収入やグローバル・ソリューション事業セグメントにおけるシステムインテグレーションサービス収入の増加等により10兆5,199億円（前期比5.7％増）となりました。海外における当連結会計年度の営業収益は，グローバル・ソリューション事業セグメントにおけるシステムインテグレーションサービス収入の増加等により2兆6,163億円（前期比18.8％増）となりました。

	前連結会計年度 (2021年4月1日から 2022年3月31日まで)	当連結会計年度 (2022年4月1日から 2023年3月31日まで)	増減	増減率
営業収益	121,564	131,362	9,797	8.1%
国内	99,546	105,199	5,653	5.7%
海外	22,018	26,163	4,145	18.8%

（注）　営業収益は，製品及びサービスの提供先別に国内・海外を分類しています。

（注）　1.　ARPU（Average monthly Revenue Per Unit）：1契約者（利用者）当たり月間平均収入

　　契約者（利用者）当たりの月間平均収入（ARPU）は，契約者（利用者）1人当たりの平均的な月間営業収益を計るために使われます。地域通信事業の場合，ARPUは，地域通信事業セグメントの営業収益のうち，固定電話（加入電話及びINSネット）並びに「フレッツ光」の提供により毎月発生する収入を，当該サービスの稼動契約数で除して計算されます。総合ICT事業の場合，ARPUは，総合ICT事業セグメントの営業収益のうち，携帯電話（5G），携帯電話（LTE（Xi）），携帯電話（FOMA），及び「ドコモ光」のサービス提供により発生する通信サービス収入（一部除く）を，当該サービスの稼動利用者数で除して計算されます。これら数字の計算からは，各月の平均的な利用状況を表さない端末機器販売，契約事務手数料，ユニバーサルサービス料等は除いています。こうして得られたARPUは，各月のお客さまの平均的な利用状況を把握する上で有用な情報を提供するものであると考えています。なお，ARPUの分子に含まれる収入は，IFRSによる連結決算値を構成する財務数値により算定しています。

　　2.　ARPUの算定式

　　（a）　NTT東日本，NTT西日本　NTT東日本及びNTT西日本のARPUは，以下の2種類に分けて計算しています。

　　　・音声伝送収入（IP系除く）に含まれる加入電話とINSネットの基本料，通信・通話料，及びIP系収入に含まれる「フレッツ・ADSL」，「フレッツ・ISDN」からの収入に基づいて計算される固定電話総合ARPU（加入電話＋INSネット）。

　　　・IP系収入に含まれる「フレッツ光」，「フレッツ光」のオプションサービスからの収入，「ひかり電話」における基本料・通信料・機器利用料，及び附帯事業営業収益に含まれる「フレッツ光」のオプションサービス収入に基づいて計算されるフレッツ光ARPU。

　　※1　「フレッツ光」は，NTT東日本の「フレッツ光クロス」，「Bフレッツ」（2021年1月末サービス終了），「フレッツ光ネクスト」，「フレッツ光ライト」，「フレッツ光ライトプラス」及び「フレッツ光WiFiアクセス」，NTT西日本の「フレッツ光クロス」，「フレッツ光ネクスト」，「フレッツ光マイタウンネクスト」，「フレッツ光ライト」及び「フレッツ光WiFiアクセス」，並びにNTT東日本及びNTT西日本がサービス提供事業者に卸提供しているサービス（コラボ光）を含めて記載しています。「フレッツ光」のオプションサービスは，NTT東日本及びNTT西日本がサービス提供事業者に卸提供しているサービスを含めて記載しています。

　　※2　固定電話総合ARPU（加入電話＋INSネット）及びフレッツ光ARPUには，相互接続通話料は含まれていません。

　　※3　固定電話総合ARPU（加入電話＋INSネット）の算定上の契約数は，固定電話（加入電話及びINSネット）の契約数です。

　　※4　固定電話総合ARPU（加入電話＋INSネット）の算定上，INSネット1500の契約数は，チャ

ネル数，伝送速度，回線使用料（基本料）のいずれについても INS ネット 64 の 10 倍程度であることから，INS ネット 1500 の 1 契約を INS ネット 64 の 10 倍に換算しています。

※5 フレッツ光 ARPU 算定上の契約数は，「フレッツ光」の契約数（「フレッツ光」は，NTT 東日本の「フレッツ光クロス」，「B フレッツ」（2021 年 1 月末サービス終了），「フレッツ光ネクスト」，「フレッツ光ライト」，「フレッツ光ライトプラス」及び「フレッツ光 WiFi アクセス」，NTT 西日本の「フレッツ光クロス」，「フレッツ光ネクスト」，「フレッツ光マイタウンネクスト」，「フレッツ光ライト」及び「フレッツ光 WiFi アクセス」，並びに NTT 東日本及び NTT 西日本がサービス提供事業者に卸提供しているサービス（コラボ光）を含む）です。

※6 NTT 東日本及び NTT 西日本における ARPU 算出時の稼動契約数の計算式は，以下のとおりです。

通期実績：当該期間の各月稼動契約数 ｛(前月末契約数＋当月末契約数)／2｝ の合計

(b) NTT ドコモ NTT ドコモの ARPU の計算式は，以下のとおりです。

・総合 ARPU：モバイル ARPU ＋光 ARPU

※1 ・モバイル ARPU：モバイル ARPU 関連収入（基本使用料，通話料，通信料）／稼動利用者数
・光 ARPU：光 ARPU 関連収入（基本使用料，通話料）／稼動利用者数

※2 NTT ドコモにおける ARPU 算出時の稼動利用者数の計算式は，以下のとおりです。

当該期間の各月稼動利用者数 ｛(前月末利用者数＋当月末利用者数)／2｝ の合計

※3 利用者数は，以下のとおり，契約数を基本としつつ，一定の契約数を除外して算定しています。

利用者数＝契約数－通信モジュールサービス，「電話番号保管」，「メールアドレス保管」，「ドコモビジネストランシーバー」並びに MVNO へ提供する卸電気通信役務及び事業者間接続に係る契約数－5G 契約，Xi 契約及び FOMA 契約と同一名義のデータプラン契約数

なお，通信モジュールサービス，「電話番号保管」，「メールアドレス保管」，「ドコモビジネストランシーバー」，MVNO へ提供する卸電気通信役務及び事業者間接続に係る収入並びに「d ポイント」等に係る収入影響等は，ARPU の算定上，収入に含まれていません。

(3) キャッシュ・フロー及び財政状態の状況の分析 ·····························

キャッシュ・フロー

前連結会計年度及び当連結会計年度のキャッシュ・フローの状況は以下のとおりです。

（単位：億円）

	前連結会計年度 (2021年4月1日から 2022年3月31日まで)	当連結会計年度 (2022年4月1日から 2023年3月31日まで)
営業活動によるキャッシュ・フロー	30,103	22,610
投資活動によるキャッシュ・フロー	△16,992	△17,369
財務活動によるキャッシュ・フロー	△14,381	△5,902
現金及び現金同等物の期末残高	8,346	7,939

NTT グループにおいては，事業が創出する安定的なキャッシュ・フローが設備投資等の経常的な投資活動に必要な支出を賄っているほか，株主還元（配当・自己株式取得）や借入金等の債務返済の主な原資となっています。

・営業キャッシュ・フロー

　当連結会計年度の営業活動によって得たキャッシュ・フローは，2兆2,610億円となりました。

　これは主に，非資金損益項目調整後の当期利益（当期利益に減価償却費，固定資産除却損等の非資金損益項目を加算）が2兆9,259億円となったことによります。

　また，前連結会計年度の3兆103億円から7,492億円減少しています。これは，当期において，前期と比べ，非資金損益項目調整後の当期利益が294億円増加した一方で，主に運転資本等の増や法人税等支払いの増等により現金支出が7,786億円増加したためです。

・投資キャッシュ・フロー

　当連結会計年度の投資活動に充てたキャッシュ・フローは，1兆7,369億円となりました。

　これは主に，有形固定資産・無形資産及び投資不動産の取得による支出が1兆8,519億円となったことによります。

　また，前連結会計年度の1兆6,992億円から支出が378億円増加しています。これは，当期において，前期と比べ，有形固定資産・無形資産及び投資不動産の取得による支出が938億円増加したこと等によるものであります。

・財務キャッシュ・フロー

　当連結会計年度の財務活動に充てたキャッシュ・フローは，5,902億円となりました。

　これは主に，株主還元による支出が9,508億円，借入債務の収支が6,930億円の収入となったことによります。

　株主還元による支出の内訳は，配当金4,397億円，自己株式の取得5,111億円の支出です。また，借入債務の収支の内訳は，短期借入債務の増加による収入2,956億円，長期借入債務の増加による収入1兆909億円，長期借入債務の返

済による支出6,934億円です。長期借入債務の増加による収入の内訳として，当連結会計年度はグリーンファイナンスにより6,677億円を調達しており，環境課題の解決に資するプロジェクト（5G関連投資，FTTH関連投資，IOWN構想実現に向けた研究開発，再生可能エネルギー）に充当しています。

また，前連結会計年度の1兆4,381億円から支出が8,479億円減少しています。これは，当期において，前期と比べ，自己株式取得による支出が2,574億円増加した一方で，借入債務による収支が1兆2,389億円増加したこと等によるものであります。

財政状態

前連結会計年度及び当連結会計年度の資産，負債，資本の状況は以下のとおりです。

（単位：億円）

	前連結会計年度末	当連結会計年度末	増減
資産	238,622	253,089	14,466
負債	148,441	159,582	11,141
（再掲）有利子負債	73,643	82,305	8,663
資本	90,181	93,506	3,325
（再掲）株主資本	82,825	85,614	2,789

当連結会計年度末の資産は，営業債権の増やその他の流動資産の増等により，前連結会計年度末に比べて1兆4,466億円増加し，25兆3,089億円となりました。

当連結会計年度末の負債は，自己株式取得及び税金支払による借入金の増や円安の進展による負債の増等により，前連結会計年度末に比べて1兆1,141億円増加し，15兆9,582億円となりました。有利子負債残高は8兆2,305億円であり，前連結会計年度末の7兆3,643億円から8,663億円増加しました。

当連結会計年度の株主資本は，当期利益の増等により，前連結会計年度末に比べて2,789億円増加し，8兆5,614億円となりました。有利子負債の株主資本に対する比率は96.1％（前連結会計年度末は88.9％）となりました。また，株主資本に非支配持分を加えた資本は前連結会計年度末に比べて3,325億円増加し，9兆3,506億円となりました。

・**現金及び流動性**

NTTグループは，現金及び現金同等物に加え，取引銀行と当座貸越契約及び

コミットメントライン契約を締結しており，事業活動上必要な流動性を確保しています。当連結会計年度末のNTTグループの現金及び現金同等物残高は7,939億円であり，前連結会計年度末の8,346億円から406億円減少しました。現金及び現金同等物とは，負債の返済や投資等に利用される予定の一時的な余剰金のことで，運転資金として使用されます。したがって，現金及び現金同等物の残高は，その時点の資金調達や運転資金の状況に応じて毎年度変化します。

また，当連結会計年度末のコミットメントラインの未使用残高は，3,182億円でした。

・契約上の債務

下記の表は，当連結会計年度末におけるNTTグループの契約上の債務をまとめたものであります。

（単位：百万円）

負債・債務の内訳	総額	1年以内	1年超 5年以内	5年超
契約上の債務				
長期借入債務※1	6,972,397	582,242	3,812,879	2,577,276
社債	3,275,830	381,685	1,649,307	1,244,838
銀行からの借入金	3,696,567	200,557	2,163,572	1,332,438
長期借入債務に係る支払利息	289,992	65,169	163,704	61,119
リース負債※2	1,212,540	221,915	499,417	491,208
購入コミットメント※3	628,370	336,987	288,570	2,813
その他の固定負債※4	―	―	―	―

※1. 長期借入債務には1年以内に返済予定のものを含めて表示しています。長期借入債務の詳細については，連結財務諸表「注記4.5. 短期借入債務及び長期借入債務」をご参照ください。

※2. リース負債には利息相当額を含めています。

※3. 購入コミットメントは主に有形固定資産その他の資産の購入に関する契約債務であります。なお，残余期間が1年内の購入コミットメントを含めていますが，解約可能な購入コミットメントを除いています。

※4. その他の固定負債は重要性がない，あるいは支払時期が不確実であるため，上表に金額を記載していません。なお，連結財務諸表「注記3.11. 従業員給付」に記載のとおり，NTTグループの年金制度に対して，翌連結会計年度に合計18,220百万円の拠出を見込んでいます。

当連結会計年度末のNTTグループの有形固定資産及びその他資産の購入等に係る契約債務残高は約6,284億円となっており，営業活動によって得たキャッシュ・フローによりこれらの売買契約代金の支払をする予定であります。

（4）　重要な会計上の見積り及び見積りを伴う判断 ································

　重要な会計上の見積り及び見積りを伴う判断については，連結財務諸表「注記1.4. 重要な会計上の見積り及び見積りを伴う判断」をご参照ください。

設備の状況

1 設備投資等の概要

NTTグループ（当社及び連結子会社）では，投資の軸足を，通信インフラの計画的な整備を中心とした投資から，各種のサービス需要に対応して進める投資にシフトしています。

当連結会計年度の設備投資の内訳は，次のとおりです。

セグメントの名称	金額 （百万円）	前期比 （%）	摘　要
総合ICT事業	706,263	1.1%	移動通信サービス用設備、データ伝送設備の拡充・改善、音声通信設備の維持・改善等
地域通信事業	498,076	△0.6%	音声通信設備の維持・改善、データ伝送設備の拡充・改善等
グローバル・ソリューション事業	500,386	44.1%	データ通信設備の拡充・維持、データセンターの拡充等
その他 （不動産、エネルギー等）	157,679	12.1%	不動産、エネルギー発電設備の新設・取得等
合計	1,862,404	10.4%	

(注) 1. 所要資金については自己資金，社債及び長期借入金で充当しています。

2. 設備投資には，無形資産の取得に係る投資が含まれています。

3. 設備投資額は，有形固定資産・無形資産及び投資不動産の取得に要した発生主義ベースでの把握金額から，当期中に発生した売却目的で保有する資産に区分した非流動資産に関する設備投資額及び資産に関する政府補助金等を控除した金額を記載しています。このため，連結キャッシュ・フロー計算書上の「有形固定資産・無形資産及び投資不動産の取得による支出」の金額とは，以下の差額が生じています。

また，投資不動産の定義を満たすものを含め使用権資産の増加額は設備投資額には含めていません。

（当連結会計年度）

有形固定資産・無形資産及び投資不動産の取得による支出　　1,851,879百万円

設備投資額（合計）との差額　　△10,525百万円

2　主要な設備の状況

NTTグループ（当社及び連結子会社）における設備の状況は，次のとおりです。

（1）　セグメント内訳 ···

（2023年3月31日現在）

セグメントの名称	帳簿価額（百万円）					従業員数（人）
	電気通信事業設備等	土地	建物	その他	合計	
総合ICT事業	1,737,577	202,521	448,039	1,683,699	4,071,836	47,151
地域通信事業	3,501,605	242,987	668,568	629,683	5,042,843	70,317
グローバル・ソリューション事業	112,826	143,364	387,114	2,489,379	3,132,683	195,106
その他（不動産、エネルギー等）	31,178	186,034	208,301	1,567,454	1,992,967	26,077
合計	5,383,186	774,906	1,712,022	6,370,215	14,240,329	338,651

（注）　帳簿価額の「その他」には，ソフトウェア，投資不動産，使用権資産等が含まれています。

(2) 提出会社及び主要な連結会社の状況 ···

（2023年3月31日現在）

会社名	資産区分	帳簿価額 （百万円）	土地面積 （㎡）	事業所の数	従業員数 （人）
日本電信電話㈱	機械設備	–		本社　（1） その他（4）	
	空中線設備	–			
	端末設備	–			
	市内線路設備	–			
	市外線路設備	–			
	土木設備	–	818,320.09		2,454
	海底線設備	–			
	土地	27,746			
	建物	69,217			
	リース資産	7			
	その他	48,072			
	合計	145,042			
㈱NTTドコモ	機械設備	1,179,690		本社　（1） 支社・支店等 （8）	
	空中線設備	511,622			
	端末設備	56			
	市内線路設備	38,283			
	市外線路設備	–			
	土木設備	11,948	3,817,586.00		7,903
	海底線設備	–			
	土地	196,559			
	建物	239,431			
	リース資産	84,038			
	その他	907,616			
	合計	3,169,243			

⟨point⟩ 財政状態，経営成績及びキャッシュ・フローの状況の分析

「事業等の概要」の内容などをこの項目で詳しく説明している場合があるため，この
項目も非常に重要。自社が事業を行っている市場は今後も成長するのか，それは世界
のどの地域なのか，今社会の流れはどうなっていて，それに対して売上を伸ばすため
に何をしているのか，収益を左右する費用はなにか，などとても有益な情報が多い。

会社名	資産区分	帳簿価額 （百万円）	土地面積 （㎡）	事業所の数		従業員数 （人）
東日本電信電話㈱	機械設備	349,097	7,680,131.93	本社	（1）	4,974
	空中線設備	2,500		支店	（29）	
	端末設備	16,093				
	市内線路設備	976,918				
	市外線路設備	3,511				
	土木設備	542,218				
	海底線設備	346				
	土地	191,472				
	建物	353,567				
	リース資産	19,515				
	その他	125,209				
	合計	2,580,446				
西日本電信電話㈱	機械設備	293,137	10,007,049.69	本社	（1）	1,431
	空中線設備	9,707		支店	（30）	
	端末設備	6,695				
	市内線路設備	1,094,073				
	市外線路設備	1,804				
	土木設備	462,396				
	海底線設備	2,826				
	土地	163,782				
	建物	306,359				
	リース資産	78,943				
	その他	120,743				
	合計	2,540,466				
エヌ・ティ・ティ・コミュニケーションズ㈱	機械設備	61,724	884,741.40	本社	（1）	8,723
	空中線設備	－		支社	（8）	
	端末設備	1,235				
	市内線路設備	－				
	市外線路設備	－				
	土木設備	－				
	海底線設備	－				
	土地	52,786				
	建物	168,229				
	リース資産	72,341				
	その他	168,897				
	合計	525,212				
㈱エヌ・ティ・ティ・データ	機械設備	85,132	144,238.43	本社	（1）	12,714
	空中線設備	－		支店等	（22）	
	端末設備	6,309				
	市内線路設備	－				
	市外線路設備	－				
	土木設備	－				
	海底線設備	－				
	土地	55,743				
	建物	79,972				
	リース資産	334				
	その他	298,520				
	合計	526,010				

3　設備の新設，除却等の計画

　NTTグループ（当社及び連結子会社）の設備計画については原則的に連結会社各社が個別に策定しています。

　当連結会計年度後1年間の設備投資計画（新設・拡充）は，2兆円であり，セグメントごとの内訳は次のとおりです。

セグメントの名称	2023年度計画額 （百万円）	設備等の主な内容・目的
総合ICT事業	728,000	移動通信サービス用設備、データ伝送設備の拡充・改善、音声通信設備の維持・改善等
地域通信事業	493,000	音声通信設備の維持・改善、データ伝送設備の拡充・改善等
グローバル・ソリューション事業	590,000	データ通信設備の拡充・維持、データセンターの拡充等

（注）　所要資金については自己資金，社債及び長期借入金で充当する予定です。

提出会社の状況

1　株式等の状況

（1）　株式の総数等 ···

①　株式の総数

種類	発行可能株式総数（株）
普通株式	6,192,920,900
計	6,192,920,900

②　発行済株式

種類	事業年度末現在 発行数（株） （2023年3月31日）	提出日現在 発行数（株） （2023年6月23日）	上場金融商品取引所名又は登 録認可金融商品取引業協会名	内容
普通株式	3,622,012,656	3,622,012,656	㈱東京証券取引所 プライム市場	単元株式数 100株
計	3,622,012,656	3,622,012,656	―	―

■ 経理の状況

1. 連結財務諸表及び財務諸表の作成方法について ……………………………

(1)　当社の連結財務諸表は，「連結財務諸表の用語，様式及び作成方法に関する規則」（昭和51年大蔵省令第28号）第93条の規定により，国際会計基準（以下「IFRS」という。）に準拠して作成しています。

(2)　当社の財務諸表は，「財務諸表等の用語，様式及び作成方法に関する規則」（昭和38年大蔵省令第59号。以下「財務諸表等規則」という。）に基づいて作成しています。

2. 監査証明について ……………………………………………………………

当社は，金融商品取引法第193条の2第1項の規定に基づき，連結会計年度（2022年4月1日から2023年3月31日まで）の連結財務諸表及び事業年度（2022年4月1日から2023年3月31日まで）の財務諸表について，有限責任 あずさ監査法人による監査を受けています。

3. 連結財務諸表等の適正性を確保するための特段の取組み及びIFRSに基づいて連結財務諸表等を適正に作成することができる体制の整備について ………

当社は，連結財務諸表等の適正性を確保するための特段の取組み及びIFRSに基づいて連結財務諸表等を適正に作成することができる体制の整備を行っています。その内容は以下のとおりです。

(1)　会計基準等の内容を適切に把握し，会計基準等の変更へ的確に対応することができる体制を整備するため，公益財団法人財務会計基準機構等の団体へ加入しています。また，定期的に会計基準の検討を行うとともに，社内規程を整備しています。

(2)　IFRSの適用については，国際会計基準審議会が公表するプレスリリースや基準書を随時入手し，最新の基準の把握を行っています。また，IFRSに基づく適正な連結財務諸表を作成するために，IFRSに準拠したグループ会計方針及び会計指針を作成し，それらに基づいて会計処理を行っています。

（1） 連結財務諸表 ·····················

① 連結財政状態計算書

（単位：百万円）

	注記	前連結会計年度末 （2022年3月31日）	当連結会計年度末 （2023年3月31日）
（資産の部）			
流動資産			
現金及び現金同等物	4.2	834,564	793,920
営業債権及びその他の債権	2.2, 3.2 4.8	3,604,959	4,186,375
その他の金融資産	4.4, 4.8	88,441	98,653
棚卸資産	3.3	408,362	517,409
その他の流動資産	2.2, 2.4	574,922	919,016
小計		5,511,248	6,515,373
売却目的で保有する資産	3.4	205,344	139,495
流動資産合計		5,716,592	6,654,868
非流動資産			
有形固定資産	3.5	9,326,888	9,717,103
使用権資産	3.6	694,612	718,531
のれん	3.7	1,213,009	1,283,448
無形資産	3.7	1,951,824	2,122,874
投資不動産	3.8	1,236,490	1,242,591
持分法で会計処理されている投資	3.9	429,806	446,569
その他の金融資産	4.4, 4.8	1,426,157	1,241,331
繰延税金資産	2.4	970,432	940,196
その他の非流動資産	2.2, 3.11	896,431	941,340
非流動資産合計		18,145,649	18,653,983
資産合計		23,862,241	25,308,851

	注記	前連結会計年度末 （2022年3月31日）	当連結会計年度末 （2023年3月31日）
(負債及び資本の部)			
流動負債			
短期借入債務	4.5, 4.8	1,646,806	1,840,381
営業債務及びその他の債務	3.10, 4.8	2,500,341	2,807,286
リース負債	3.6	189,495	205,074
その他の金融負債	4.6, 4.8	29,566	30,200
未払人件費		544,455	567,166
未払法人税等		210,964	243,306
その他の流動負債	2.2, 3.13	1,129,851	1,143,518
小計		6,251,478	6,836,931
売却目的で保有する資産に直接関連する負債	3.4	7,161	3,055
流動負債合計		6,258,639	6,839,986
非流動負債			
長期借入債務	4.5, 4.8	5,717,465	6,390,155
リース負債	3.6	655,729	714,923
その他の金融負債	4.6, 4.8	135,686	148,431
確定給付負債	3.11	1,561,049	1,362,262
繰延税金負債	2.4	137,474	143,326
その他の非流動負債	2.2, 3.13	378,067	359,141
非流動負債合計		8,585,470	9,118,238
負債合計		14,844,109	15,958,224
資本			
株主資本			
資本金	4.1	937,950	937,950
利益剰余金	4.1, 4.4	7,293,915	8,150,117
自己株式	4.1	△226,459	△737,290
その他の資本の構成要素	4.1, 4.4 4.8	277,050	210,576
株主資本合計		8,282,456	8,561,353
非支配持分	4.1	735,676	789,274
資本合計		9,018,132	9,350,627
負債及び資本合計		23,862,241	25,308,851

② 連結損益計算書及び連結包括利益計算書

連結損益計算書

（単位：百万円）

	注記	前連結会計年度 （2021年4月 1日から 2022年3月31日まで）	当連結会計年度 （2022年4月 1日から 2023年3月31日まで）
営業収益	2.1, 2.2	12,156,447	13,136,194
営業費用			
人件費		2,566,127	2,768,711
経費	2.3, 3.8 2.1, 3.5	5,839,441	6,563,282
減価償却費	3.6, 3.7 3.8	1,561,183	1,582,625
固定資産除却費		132,073	118,620
減損損失	2.1		
のれん	3.7	228	6,164
その他		37,824	9,803
租税公課	3.8	250,978	258,003
営業費用合計		10,387,854	11,307,208
営業利益	2.1	1,768,593	1,828,986
金融収益	4.4, 4.7 4.8	63,471	54,105
金融費用	4.4, 4.7 4.8	56,250	79,424
持分法による投資損益	2.1, 3.9	19,711	14,012
税引前利益		1,795,525	1,817,679
法人税等	2.4	539,531	524,923
当期利益		1,255,994	1,292,756
当社に帰属する当期利益		1,181,083	1,213,116
非支配持分に帰属する当期利益		74,911	79,640
当社に帰属する1株当たり当期利益			
基本的1株当たり当期利益（円）	2.5	329.29	347.99

連結包括利益計算書

（単位：百万円）

	注記	前連結会計年度 （2021年4月 1日から 2022年3月31日まで）	当連結会計年度 （2022年4月 1日から 2023年3月31日まで）
当期利益		1,255,994	1,292,756
その他の包括利益（税引後）	4.1		
損益に振り替えられることのない項目			
その他の包括利益を通じて公正価値測定する金融資産の公正価値変動額		△25,482	△83,650
持分法適用会社のその他の包括利益に対する持分	3.9	△2	△1,135
確定給付制度の再測定	3.11	131,032	112,672
損益に振り替えられることのない項目合計		105,548	27,887
損益に振り替えられる可能性のある項目			
キャッシュ・フロー・ヘッジ	4.8	△50,748	△33,249
ヘッジ・コスト	4.8	14,434	△8,645
外貨換算調整額		167,688	119,360
持分法適用会社のその他の包括利益に対する持分	3.9	△835	7,875
損益に振り替えられる可能性のある項目合計		130,539	85,341
その他の包括利益（税引後）合計		236,087	113,228
当期包括利益合計		1,492,081	1,405,984
当社に帰属する当期包括利益		1,373,364	1,270,639
非支配持分に帰属する当期包括利益		118,717	135,345

③ 連結持分変動計算書

前連結会計年度（2021年4月1日から2022年3月31日まで）

（単位：百万円）

	注記	株主資本						非支配持分	資本合計
		資本金	資本剰余金	利益剰余金	自己株式	その他の資本の構成要素	合計		
2021年3月31日		937,950	－	7,068,008	△704,793	261,542	7,562,707	640,336	8,203,043
当期包括利益									
当期利益		－	－	1,181,083	－	－	1,181,083	74,911	1,255,994
その他の包括利益	4.1	－	－	－	－	192,281	192,281	43,806	236,087
当期包括利益合計		－	－	1,181,083	－	192,281	1,373,364	118,717	1,492,081
株主との取引等									
剰余金の配当	4.1	－	－	△396,963	－	－	△396,963	△17,580	△414,543
利益剰余金への振替	4.1	－	4,370	172,403	－	△176,773	－	－	－
自己株式の取得及び処分	4.1	－	8	－	△253,581	－	△253,573	－	△253,573
自己株式の消却	4.1	－	△1,299	△730,616	731,915	－	－	－	－
支配継続子会社に対する持分変動	4.1	－	△1,754	－	－	－	△1,754	△4,729	△6,483
株式に基づく報酬取引	4.1	－	235	－	－	－	235	48	283
非支配持分に付与されたプット・オプション	4.1	－	△943	－	－	－	△943	△595	△1,538
その他		－	△617	－	－	－	△617	△521	△1,138
株主との取引額等合計		－	－	△955,176	478,334	△176,773	△653,615	△23,377	△676,992

当連結会計年度（2022年4月1日から2023年3月31日まで）

（単位：百万円）

	注記	株主資本						非支配持分	資本合計
		資本金	資本剰余金	利益剰余金	自己株式	その他の資本の構成要素	合計		
2022年3月31日		937,950	－	7,293,915	△226,459	277,050	8,282,456	735,676	9,018,132
当期包括利益									
当期利益		－	－	1,213,116	－	－	1,213,116	79,640	1,292,756
その他の包括利益	4.1	－	－	－	－	57,523	57,523	55,705	113,228
当期包括利益合計		－	－	1,213,116	－	57,523	1,270,639	135,345	1,405,984
株主との取引額等									
剰余金の配当	4.1	－	－	△419,525	－	－	△419,525	△20,087	△439,612
利益剰余金への振替	4.1	－	54,926	69,071	－	△123,997	－	－	－
自己株式の取得及び処分	4.1	－	6	－	△510,831	－	△510,825	－	△510,825
支配継続子会社に対する持分変動	4.1	－	△50,284	－	－	－	△50,284	△59,752	△110,036
株式に基づく報酬取引	4.1	－	△2,751	－	－	－	△2,751	1,313	△1,438
非支配持分に付与されたプット・オプション	4.1	－	△4,805	－	－	－	△4,805	△4,129	△8,934
その他		－	2,908	△6,460	－	－	△3,552	908	△2,644
株主との取引額等合計		－	－	△356,914	△510,831	△123,997	△991,742	△81,747	△1,073,489
2023年3月31日		937,950	－	8,150,117	△737,290	210,576	8,561,353	789,274	9,350,627

④ 連結キャッシュ・フロー計算書

（単位：百万円）

	注記	前連結会計年度 （2021年4月 1日から 2022年3月31日まで）	当連結会計年度 （2022年4月 1日から 2023年3月31日まで）
営業活動によるキャッシュ・フロー			
当期利益		1,255,994	1,292,756
減価償却費		1,561,183	1,582,625
減損損失		38,052	15,967
持分法による投資損益（△は益）		△19,711	△14,012
固定資産除却損		60,936	48,518
固定資産売却益		△30,208	△46,259
法人税等		539,531	524,923
営業債権及びその他の債権の増減（△は増加額）		828	△525,313
棚卸資産の増減（△は増加額）		△86,559	△140,858
その他の流動資産の増減（△は増加額）		△10,421	△33,609
営業債務及びその他の債務・未払人件費の増減 （△は減少額）		137,551	252,070
その他の流動負債の増減（△は減少額）		37,198	6,301
確定給付負債の増減（△は減少額）		△15,936	△63,644
その他の非流動負債の増減（△は減少額）		5,304	△21,286
その他		△61,066	93,393
小計		3,412,676	2,971,572
利息及び配当金の受取額		79,703	95,023
利息の支払額		△47,858	△67,224
法人税等の支払額		△434,264	△738,358
営業活動によるキャッシュ・フロー		3,010,257	2,261,013
投資活動によるキャッシュ・フロー			
有形固定資産・無形資産及び投資不動産の取得 による支出	2.1	△1,758,045	△1,851,879
政府補助金による収入	2.2, 3.5	38,110	17,888
投資の取得による支出		△125,838	△76,504
投資の売却または償還による収入		187,198	109,153
子会社の支配喪失による収入		15,936	53,628
子会社の支配獲得による支出		△121,747	△81,645
貸付金の収支（△は支出）		26,343	17,337
その他		38,891	75,110
投資活動によるキャッシュ・フロー		△1,699,152	△1,736,912
財務活動によるキャッシュ・フロー			
短期借入債務の収支（△は支出）	4.5	△1,860,107	295,564
長期借入債務の増加による収入	4.5	1,716,162	1,090,877
長期借入債務の返済による支出	4.5	△401,905	△693,427
リース負債の返済による支出	3.6, 4.5	△208,232	△223,907
非支配持分からの子会社持分取得による支出	4.1, 4.5	△16,791	△109,932
配当金の支払額		△396,963	△419,525
非支配持分への配当金の支払額		△17,485	△20,197
自己株式の純増減額（△は増加）		△253,627	△510,968
その他		818	1,318
財務活動によるキャッシュ・フロー		△1,438,130	△590,197
現金及び現金同等物に係る換算差額		25,862	25,452
現金及び現金同等物の増減額（△は減少額）		△101,163	△40,644
現金及び現金同等物の期首残高		935,727	834,564
現金及び現金同等物の期末残高		834,564	793,920

【連結財務諸表注記】

　NTTグループは，連結財務諸表の理解可能性を高めることを目的に，関連性のある注記を下記の5つのグループに区分して記載しています。

1. 基本となる重要な事項
2. 営業実績
3. 資産及び負債（金融商品を除く）
4. 資本及び資金調達
5. その他の事項

　また，各注記項目では関連する会計方針を，重要な会計上の見積り及び見積りを伴う判断とともに記載しています。

1. 基本となる重要な事項 ⋯⋯⋯⋯⋯⋯⋯⋯⋯⋯⋯⋯⋯⋯⋯⋯⋯⋯⋯⋯⋯⋯⋯⋯⋯⋯⋯

1.1. 報告企業 ⋯⋯⋯⋯⋯⋯⋯⋯⋯⋯⋯⋯⋯⋯⋯⋯⋯⋯⋯⋯⋯⋯⋯⋯⋯⋯⋯⋯⋯⋯⋯⋯

　日本電信電話株式会社（以下，「当社」）は，日本国に所在する株式会社です。当社の登記されている本社の住所は，ホームページ（https://group.ntt/）で開示しています。本連結財務諸表は当社及び子会社（以下「NTTグループ」）より構成されています。

　前連結会計年度より，当社グループのセグメントを従来の移動通信事業，地域通信事業，長距離・国際通信事業，データ通信事業，その他の事業の5区分から，総合ICT事業，地域通信事業，グローバル・ソリューション事業，その他（不動産，エネルギー等）の4区分に変更しています。

　NTTグループの事業セグメントと主な子会社は以下のとおりです。

総合ICT事業

　当事業は，携帯電話事業，国内電気通信事業における県間通信サービス，国際通信事業，ソリューション事業，システム開発事業及びそれに関連する事業を主な事業内容としています。

- ・株式会社NTTドコモ（以下「NTTドコモ」）
- ・エヌ・ティ・ティ・コミュニケーションズ株式会社（以下「NTTコミュニケーションズ」）

地域通信事業

　当事業は，国内電気通信事業における県内通信サービスの提供及びそれに附帯する事業を主な事業内容としています。

- ・東日本電信電話株式会社 (以下「NTT東日本」)
- ・西日本電信電話株式会社 (以下「NTT西日本」)

グローバル・ソリューション事業

　当事業は，システムインテグレーション，ネットワークシステム，クラウド，グローバルデータセンター及びそれに関連する事業を主な事業内容としています。

- ・株式会社エヌ・ティ・ティ・データ (以下「NTTデータ」)
- ・株式会社NTT DATA,Inc. (以下「NTT DATA,Inc.」)

1.2. 作成の基礎

(1) IFRSに準拠している旨

　NTTグループは，「連結財務諸表の用語，様式及び作成方法に関する規則」(昭和51年大蔵省令第28号) 第1条の2に掲げる「指定国際会計基準特定会社」の要件を満たすことから，同規則第93条の規定により，IFRSに準拠して連結財務諸表を作成しています。連結財務諸表は，2023年6月23日において代表取締役社長　島田明及び代表取締役副社長最高財務責任者　廣井孝史が承認しています。

　NTTグループの会計方針は，早期適用していないIFRSの規定を除き，2023年3月31日時点において有効なIFRSに準拠しています。

(2) 測定の基礎

　連結財務諸表は，「注記1.3. 重要な会計方針」及び各項目の関連する注記に記載しているとおり，公正価値で測定している金融商品，確定給付制度に関連して認識する資産及び負債等を除き，取得原価を基礎として作成しています。

(3) 機能通貨及び表示通貨

　連結財務諸表の表示通貨は，当社が事業活動を行う主要な経済環境における通貨 (以下「機能通貨」) である日本円であり，百万円未満を四捨五入して表示しています。

（4）　会計方針の変更

NTT グループは当連結会計年度において，新たに適用を開始した重要な会計方針はありません。

1.3.　重要な会計方針

NTT グループが採用する会計方針は，本連結財務諸表に記載されている全ての期間に適用しています。

（1）　連結の基礎

①　子会社

子会社とは，NTT グループにより支配されている企業をいいます。

連結の開始と終了

子会社については，支配獲得日から支配喪失日までの期間を連結しています。

子会社の会計方針

子会社が採用する会計方針がNTT グループの会計方針と異なる場合には，必要に応じて当該子会社の財務諸表に調整を行っています。

決算日が異なる子会社

連結財務諸表には，実務上の理由により，決算日が異なる子会社の財務諸表が含まれています。当該子会社の決算日は主に12月末です。決算期が異なることから生じる差異については，必要な調整を行っています。

非支配持分

非支配持分は，連結の開始時点での持分額及びその後の非支配持分の変動から構成されています。

子会社の包括利益は，たとえ非支配持分が負の残高になる場合であっても，原則として株主資本と非支配持分に配分します。

連結上消去される取引

グループ内の債権債務残高，取引，及びグループ内取引によって発生した未実現損益は消去しています。

親会社の所有持分の変動

子会社持分を追加取得又は一部処分し，かつ子会社として支配が継続する場合

の持分の変動は，資本取引として会計処理しています。NTT グループの持分及び非支配持分の帳簿価額は，子会社に対する持分の変動を反映して調整しています。非支配持分を調整した額と支払対価又は受取対価の公正価値との差額は資本に直接認識し当社に帰属させます。

　子会社の支配を喪失する場合，関連する損益は以下の差額として算定しており，子会社について，それまで認識していたその他の資本の構成要素は，損益に振り替えています。

　　・受取対価の公正価値及び残存持分の公正価値の合計
　　・子会社の資産（のれんを含む），負債及び非支配持分の支配喪失時の帳簿価額（純額）

② **関連会社及び共同支配企業に対する投資**

　関連会社とは，NTT グループがその企業の財務及び経営方針に対して重要な影響力を有しているものの，支配又は共同支配を有していない企業をいいます。また，他の企業の議決権の20％以上50％以下を所有する場合には，原則として関連会社に含めています。さらに，保有する議決権が20％未満の場合であっても，役員の派遣等により，重要な影響力が認められると判断される場合には，関連会社に含めています。

　共同支配企業とは，複数の当事者（当社及び子会社を含む）が共同支配の取決めに基づき，それぞれの当事者が投資先の純資産に対する権利を有している場合の当該投資先をいいます。共同支配は，契約上合意された支配の共有であり，関連性のある活動に関する意思決定に，支配を共有している当事者全員の一致した合意を必要とする場合にのみ存在します。

　関連会社及び共同支配企業に対する投資は，持分法を用いて会計処理を行い，関連会社及び共同支配企業に対する投資額は，取得原価で当初認識しています。その後，重要な影響力を有した日から喪失する日までの損益及びその他の包括利益の当社の持分を認識し，投資額を修正しています。

　関連会社及び共同支配企業に対する投資の損失が，NTT グループの当該会社に対する投資持分を超過する場合は，当該会社に対して法的債務又はそれに準ずる債務を負担する，又は代理で支払いを行う場合を除き，それ以上の損失について

は認識していません。

関連会社及び共同支配企業との取引から発生した未実現損益は，NTTグループの持分を上限として関連会社及び共同支配企業に対する投資に加減算しています。

関連会社及び共同支配企業に対する投資額の取得原価が，取得日に認識された識別可能な資産及び負債の正味の公正価値のNTTグループ持分を超える金額は，のれんとして認識し，関連会社及び共同支配企業に対する投資の帳簿価額に含めています。

当該のれんは区分して認識されないため，のれん個別での減損テストは実施していません。これに代わり，関連会社及び共同支配企業に対する投資の総額を単一の資産として，投資が減損している可能性を示唆する客観的な証拠が存在する場合に，減損テストを実施しています。

連結財務諸表には，他の株主との関係等により決算日をNTTグループの決算日と同じ日とすることが実務上不可能であるために決算日が異なる持分法適用会社に対する投資が含まれており，当該持分法適用会社の決算日は主に12月末です。持分法適用会社の決算日とNTTグループの決算日の間に生じた重要な取引又は事象の影響については調整を行っています。

③ **ストラクチャード・エンティティ**

NTTグループが運営を支配しているストラクチャード・エンティティ※を連結しています。

なお，契約上の義務なしに，連結しているストラクチャード・エンティティに対する重要な財務的支援又はその他の重要な支援を提供したことはなく，提供する意図もありません。

第三者により運営を支配されたストラクチャード・エンティティは連結しておらず，また各パートナーからの出資によって資金調達しています。

※ ストラクチャード・エンティティ：主にパートナーシップ形態のベンチャーファンド及び不動産の流動化を目的とした投資事業有限責任組合等，支配の決定に際して議決権又は類似の権利が支配の決定的な要因とならないように設計された企業。

子会社及びストラクチャード・エンティティについては，「注記5.1. 重要な子

会社」に記載しています。

(2) 外貨換算 ···

① 外貨建取引

　NTTグループ各社の財務諸表は，その企業の機能通貨で作成しています。機能通貨以外の通貨（外貨）での取引は取引日の為替レートを用いて換算しています。

外貨建資産及び負債の機能通貨への換算に用いる為替レート

種類	測定方法	換算レート	例
外貨建貨幣性資産・負債[※1]	－	期末日の為替レート	営業債権
外貨建非貨幣性資産・負債[※2]	公正価値	公正価値の測定日における為替レート	その他の包括利益を通じて公正価値で測定する金融資産(資本性金融商品)
	取得原価	取引日の為替レート	有形固定資産

※1.　貨幣性資産・負債：固定又は決定可能な数の通貨単位を受け取る権利（資産）又は引き渡す義務（負債）

※2.　非貨幣性資産・負債：※1の特徴を有さない資産又は負債換算によって発生した為替換算差額は，損益として認識しています。ただし，取得後の公正価値変動をその他の包括利益に計上する金融資産（資本性金融商品）及びキャッシュ・フロー・ヘッジから生じる換算差額（ヘッジが有効である範囲に限る）は，その他の包括利益として認識しています。

② 在外営業活動体（在外子会社等）

　連結財務諸表を作成するために，在外子会社等の資産及び負債（取得により発生したのれん及び公正価値の調整を含む）は，期末日の為替レートにより日本円に換算しています。

　収益，費用及びキャッシュ・フローについては，期中の平均為替レートを用いて日本円に換算しています。ただし，取引日の為替レートによる換算の結果と近似しない場合には，取引日の為替レートを用いて換算しています。

　在外子会社等の外貨建財務諸表の換算から生じる為替換算差額は，その他の包括利益として認識の上，その他の資本の構成要素に累積しています。

　在外子会社等について，支配の喪失及び重要な影響力の喪失をした場合には，当該在外子会社等に関連する累積為替換算差額は，喪失した会計期間に損益として認識しています。

（3） 公正価値 ··

公正価値は，市場価格等の市場の情報や，マーケット・アプローチ，インカム・アプローチ，コスト・アプローチ等の算出手順に基づき，決定されています。

資産及び負債の公正価値の測定に使用される仮定（インプット）は，その観察可能性に応じて3つのレベルに区分し，観察可能性の最も高いインプットから優先して評価技法に用いることとされています。NTTグループは公正価値の測定に使用される仮定（インプット）を以下の3つのレベルに区分しており，レベル1を最高の優先度としています。

・レベル1

企業が測定日現在でアクセスできる同一の資産又は負債に関する活発な市場における無調整の相場価格

・レベル2

活発な市場における類似資産及び負債の市場価格，活発でない市場における同一又は類似の資産及び負債の市場価格等，資産又は負債について直接又は間接に観察可能なインプットのうち，レベル1に含まれる相場価格以外のもの

・レベル3

資産又は負債についての観察不能なインプット

また，これらのレベル間の振替は，各四半期の期末時点で発生したものとして認識しています。

公正価値の測定に使用される仮定（インプット）について「注記3.5. 有形固定資産 （2） 減損損失」，「注記3.7. のれん及び無形資産 （3） のれん及び耐用年数を確定できない無形資産の減損テスト」「注記3.8. 投資不動産 （3） 公正価値」，「注記4.8. 金融商品 （3） 金融商品の公正価値」に記載しています。

（4） その他の会計方針 ··

その他の会計方針は関連性の高い以下の注記項目に併記しています。

注記2.1. セグメント情報

注記2.2. 営業収益

1.4. 重要な会計上の見積り及び見積りを伴う判断 ·······························

　連結財務諸表の作成において，経営者は，会計方針の適用並びに資産，負債，収益及び費用の報告額に影響を及ぼす判断，見積り及び仮定の設定を行っています。これらの見積り及び仮定は，過去の経験及び利用可能な情報を収集し，決算日において合理的であると考えられる様々な要因を勘案した経営者の最善の判断に基づいています。しかし，その性質上，将来において，これらの見積り及び仮定とは異なる結果となる可能性があります。

　見積り及びその基礎となる仮定は継続して見直されます。会計上の見積りの見直しによる影響は，その見積りを見直した連結会計期間と将来の連結会計期間において認識しています。

NTTグループの連結財務諸表で認識した金額に重要な影響を与える判断，見積り及び仮定

判断、見積り及び仮定	主な項目	関連注記
連結範囲の決定における投資先を支配しているか否かの判断	・支配の有無 ・共同支配の有無 ・重要な影響力の有無	1.3. 重要な会計方針(1) 5.1. 重要な子会社
ヘッジ会計における予定取引のヘッジ対象としての適格性の判断	・ヘッジ手段の適格性 ・ヘッジ対象の適格性 ・ヘッジの有効性評価 ・ヘッジの開始時においてヘッジ関係並びにヘッジの実施についてのリスク管理目的等の指定、文書化	4. 資本及び資金調達
企業結合により取得した資産及び引き受けた負債の公正価値の見積り	—	3.1. 企業結合及び非支配持分の取得
その他の包括利益を通じて公正価値で測定する金融資産の公正価値測定	—	4. 資本及び資金調達 4.8. 金融商品(3)
償却原価で測定する金融資産の償却期間及び減損に関する見積り	・金融資産に係る信用リスク ・債務不履行事象から生じると予想される信用損失(予想信用損失)	4. 資本及び資金調達 4.8. 金融商品(1)
デリバティブの公正価値測定	—	4. 資本及び資金調達 4.4. その他の金融資産 4.6. その他の金融負債 4.7. 金融収益及び金融費用 4.8. 金融商品(3)
有形固定資産、使用権資産、無形資産及び投資不動産の耐用年数の見積り		3.5. 有形固定資産 3.6. リース 3.7. のれん及び無形資産 3.8. 投資不動産
リース期間の見積り	—	3.6. リース
有形固定資産、使用権資産、無形資産、投資不動産及びのれんの減損に関する見積り	・減損の兆候の有無の判断 ・資産、資金生成単位、資金生成単位グループにおける回収可能価額 ・減損損失の減少又は消滅を示す兆候の有無の判断(のれんを除く)	3.5. 有形固定資産 3.6. リース 3.7. のれん及び無形資産 3.8. 投資不動産
確定給付制度債務の測定	・確定給付制度債務の算定上の基礎となる割引率 ・予定昇給率 ・期末現在65歳の年金受給者の平均余命	3.11. 従業員給付

判断、見積り及び仮定	主な項目	関連注記
引当金の認識・測定における判断及び見積り	・債務の決済を要求される可能性 ・その債務の金額	3.12. 引当金
収益の認識	・移動音声関連サービスにおける、利用可能な通信分（通話）のうち当月に使用されず、翌月以降に使用が見込まれる通信分 ・移動音声関連サービスの利用に応じて進呈するポイントの中で将来顧客が行使することが見込まれるポイント ・IP系・パケット通信サービスにおける、利用可能な通信分（データ通信）のうち当月に使用されず、翌月以降に使用が見込まれる通信分 ・IP系・パケット通信サービスにおける、将来1年毎の契約更新時に継続利用販売奨励金として支払われる割合 ・IP系・パケット通信サービスにおける、工事料収入・契約事務手数料収入等の初期一括収入を繰延べる見積平均契約期間 ・IP系・パケット通信サービスの利用に応じて進呈するポイントの中で将来顧客が行使することが見込まれるポイント ・通信端末機器販売における返金負債 ・システムインテグレーションサービスにおける、予測される損失の発生 ・契約コストから認識した資産の回収可能性	2.2. 営業収益(2)〜(4)
繰延税金資産の回収可能性の評価	・予想される将来の課税所得水準 ・タックスプランニング ・繰延税金負債の取崩予定時期	2.4. 法人税等

1.5. 未適用の新基準 ···

　本連結財務諸表の承認日までに新設又は改訂が行われた基準書及び解釈指針のうち，NTT グループが早期適用していないもので，適用により NTT グループに重要な影響を及ぼす可能性がある項目はありません。

（1）　財務諸表 ···

① 貸借対照表

（単位：百万円）

	前事業年度 （2022年3月31日）	当事業年度 （2023年3月31日）
資産の部		
流動資産		
現金及び預金	405	4,433
売掛金	895	5,298
貯蔵品	201	171
前渡金	2,164	2,800
短期貸付金	※1 213,600	―
未収入金	280,207	260,211
その他	4,974	2,840
流動資産合計	502,446	275,753
固定資産		
有形固定資産		
建物	287,127	289,281
減価償却累計額	△216,096	△220,064
建物（純額）	71,031	69,217
構築物	28,149	28,713
減価償却累計額	△22,931	△23,263
構築物（純額）	5,218	5,450
機械装置及び運搬具	2,652	2,651
減価償却累計額	△2,389	△2,427
機械装置及び運搬具（純額）	263	224
工具、器具及び備品	110,249	110,820
減価償却累計額	△85,404	△84,310
工具、器具及び備品（純額）	24,845	26,510
土地	27,746	27,746
リース資産	16	16
減価償却累計額	△5	△8
リース資産（純額）	10	7
建設仮勘定	1,255	1,784
有形固定資産合計	130,369	130,938
無形固定資産		
ソフトウェア	13,745	16,161
その他	394	363
無形固定資産合計	14,140	16,524

	前事業年度 （2022年3月31日）	当事業年度 （2023年3月31日）
投資その他の資産		
投資有価証券	549,295	446,174
関係会社株式	9,964,727	10,022,608
その他の関係会社有価証券	19,455	30,655
関係会社出資金	4,097	2,145
関係会社長期貸付金	473,000	873,000
前払年金費用	2,083	2,507
その他	4,680	5,594
投資その他の資産合計	11,017,337	11,382,683
固定資産合計	11,161,845	11,530,145
資産合計	11,664,291	11,805,898
負債の部		
流動負債		
買掛金	494	181
1年内償還予定の社債	※2 99,995	―
1年内返済予定の長期借入金	200,600	30,710
1年内返済予定の関係会社長期借入金	209,150	256,100
短期借入金	※1 1,891,730	※1 1,846,287
リース債務	3	2
未払金	77,884	63,247
未払費用	7,066	7,000
未払法人税等	61,027	1,674
前受金	690	681
預り金	304	293
資産除去債務	―	92
その他	1,590	1,663
流動負債合計	2,550,532	2,207,930
固定負債		
長期借入金	333,874	303,165
関係会社長期借入金	3,700,730	4,052,365
リース債務	8	5
繰延税金負債	24,395	5,536
退職給付引当金	35,511	35,598
資産除去債務	1,822	1,752
その他	5,253	5,422
固定負債合計	4,101,593	4,403,842
負債合計	6,652,125	6,611,772

	前事業年度 （2022年3月31日）	当事業年度 （2023年3月31日）
純資産の部		
株主資本		
資本金	937,950	937,950
資本剰余金		
資本準備金	2,672,826	2,672,826
その他資本剰余金	—	6
資本剰余金合計	2,672,826	2,672,832
利益剰余金		
利益準備金	135,333	135,333
その他利益剰余金		
繰越利益剰余金	1,375,592	2,108,971
利益剰余金合計	1,510,925	2,244,305
自己株式	△226,459	△737,290
株主資本合計	4,895,242	5,117,797
評価・換算差額等		
その他有価証券評価差額金	116,923	76,328
評価・換算差額等合計	116,923	76,328
純資産合計	5,012,166	5,194,125
負債純資産合計	11,664,291	11,805,898

② 損益計算書

（単位：百万円）

	前事業年度 （自 2021年4月 1日 至 2022年3月31日）	当事業年度 （自 2022年4月 1日 至 2023年3月31日）
営業収益		
受取配当金	487,356	1,165,311
グループ経営運営収入	25,400	17,900
基盤的研究開発収入	122,000	122,000
その他の収入	15,360	19,015
営業収益合計	※1 650,116	※1 1,324,225
営業費用		
管理費	29,547	31,891
試験研究費	116,312	119,659
減価償却費	19,513	17,960
固定資産除却費	1,002	1,077
租税公課	3,936	4,276
営業費用合計	※1 170,310	※1 174,862
営業利益	479,806	1,149,363
営業外収益		
受取利息	※1 2,512	※1 2,110
関係会社株式売却益	※1 4,000	－
物件貸付料	※1 11,809	※8 8,310
雑収入	6,344	2,466
営業外収益合計	24,666	12,887
営業外費用		
支払利息	※1 18,467	※1 18,276
社債利息	1,026	674
物件貸付費用	8,002	5,001
組合出資損失	1,004	3,645
雑支出	1,476	3,021
営業外費用合計	29,974	30,617
経常利益	474,497	1,131,632
特別利益		
関係会社株式売却益	－	※3 68,952
特別利益合計	－	68,952
特別損失		
投資有価証券評価損	－	※4 45,678
減損損失	※2 6,312	－
特別損失合計	6,312	45,678
税引前当期純利益	468,185	1,154,907
法人税、住民税及び事業税	2,446	3,539
法人税等調整額	△4,763	△1,537
法人税等合計	△2,317	2,002
当期純利益	470,502	1,152,905

損益計算書の欄外注記

※営業費用勘定の各科目の内容は次のとおりです。

（1）　管理費とは，管理部門において必要な費用です。

（2）　試験研究費とは，研究部門において必要な費用です。

営業費用明細表

区分	前事業年度 (自 2021年4月 1日 至 2022年3月31日)			当事業年度 (自 2022年4月 1日 至 2023年3月31日)		
	管理費 (百万円)	試験研究費 (百万円)	計 (百万円)	管理費 (百万円)	試験研究費 (百万円)	計 (百万円)
人件費	8,065	24,130	32,195	8,515	23,700	32,215
経費	21,482	92,182	113,664	23,376	95,958	119,335
材料・部品費	－	－	－	－	450	450
消耗品費	164	34,767	34,931	208	32,288	32,496
借料・損料	2,030	1,771	3,801	1,893	1,878	3,772
保険料	20	6	25	31	5	36
光熱水道料	75	1,711	1,786	82	2,609	2,691
修繕費	26	663	689	25	477	502
旅費交通費	113	131	244	556	746	1,302
通信運搬費	821	1,178	1,999	792	1,337	2,130
広告宣伝費	2,397	308	2,704	3,076	110	3,186
交際費	39	2	41	72	17	89
厚生費	109	466	575	110	459	568
作業委託費	13,052	43,944	56,995	13,596	42,902	56,498
雑費	2,637	7,236	9,873	2,934	12,681	15,614
小計	29,547	116,312	145,859	31,891	119,659	151,550
減価償却費			19,513			17,960
固定資産除却費			1,002			1,077
租税公課			3,936			4,276
合計			170,310			174,862

(注) 1. 「人件費」には，社員に対する退職給付費用（前事業年度3,083百万円，当事業年度2,485百万円）が
　　　含まれています。

　　 2. 「租税公課」には，固定資産税（前事業年度1,823百万円，当事業年度1,770百万円）が含まれていま
　　　す。

③ 株主資本等変動計算書

前事業年度（自 2021年4月1日 至 2022年3月31日）

（単位：百万円）

| | 株主資本 | | | | | | |
| | 資本金 | 資本剰余金 | | | 利益剰余金 | | |
		資本準備金	その他資本剰余金	資本剰余金合計	利益準備金	その他利益剰余金 繰越利益剰余金	利益剰余金合計
当期首残高	937,950	2,672,826	1,291	2,674,117	135,333	2,032,668	2,168,001
当期変動額							
剰余金の配当	－	－	－	－	－	△396,962	△396,962
当期純利益						470,502	470,502
自己株式の取得	－	－	－	－	－	－	－
自己株式の処分	－	－	8	8			
自己株式の消却	－	－	△1,299	△1,299		△730,616	△730,616
株主資本以外の項目の当期変動額（純額）	－	－	－	－	－	－	－
当期変動額合計	－	－	△1,291	△1,291		△657,076	△657,076
当期末残高	937,950	2,672,826	－	2,672,826	135,333	1,375,592	1,510,925

| | 株主資本 | | 評価・換算差額等 | | 純資産合計 |
	自己株式	株主資本合計	その他有価証券評価差額金	評価・換算差額等合計	
当期首残高	△704,793	5,075,275	101,355	101,355	5,176,630
当期変動額					
剰余金の配当	－	△396,962	－	－	△396,962
当期純利益	－	470,502			470,502
自己株式の取得	△253,630	△253,630	－	－	△253,630
自己株式の処分	50	58			58
自己株式の消却	731,915	－			－
株主資本以外の項目の当期変動額（純額）	－		15,568	15,568	15,568
当期変動額合計	478,335	△180,032	15,568	15,568	△164,464
当期末残高	△226,459	4,895,242	116,923	116,923	5,012,166

当事業年度（自　2022年4月1日　至　2023年3月31日）

（単位：百万円）

| | 株主資本 | | | | | | |
| | 資本金 | 資本剰余金 | | | 利益剰余金 | | |
		資本準備金	その他 資本剰余金	資本剰余金 合計	利益準備金	その他 利益剰余金 繰越 利益剰余金	利益剰余金 合計
当期首残高	937,950	2,672,826	－	2,672,826	135,333	1,375,592	1,510,925
当期変動額							
剰余金の配当	－	－	－	－	－	△419,525	△419,525
当期純利益	－	－	－	－	－	1,152,905	1,152,905
自己株式の取得	－	－	－	－	－	－	－
自己株式の処分	－	－	6	6	－	－	－
株主資本以外の項目の 当期変動額（純額）	－	－	－	－	－	－	－
当期変動額合計	－	－	6	6	－	733,380	733,380
当期末残高	937,950	2,672,826	6	2,672,832	135,333	2,108,971	2,244,305

| | 株主資本 | | 評価・換算差額等 | | 純資産合計 |
	自己株式	株主資本合計	その他有価証 券評価差額金	評価・換算差 額等合計	
当期首残高	△226,459	4,895,242	116,923	116,923	5,012,166
当期変動額					
剰余金の配当	－	△419,525	－	－	△419,525
当期純利益	－	1,152,905	－	－	1,152,905
自己株式の取得	△511,028	△511,028	－	－	△511,028
自己株式の処分	196	203	－	－	203
株主資本以外の項目の 当期変動額（純額）	－	－	△40,595	△40,595	△40,595
当期変動額合計	△510,832	222,554	△40,595	△40,595	181,960
当期末残高	△737,290	5,117,797	76,328	76,328	5,194,125

【注記事項】
（重要な会計方針）
1．有価証券の評価基準及び評価方法 ·······························
（1） 子会社株式及び関連会社株式 ·······························
移動平均法による原価法
（2） その他有価証券 ···
① 市場価格のない株式等以外のもの
期末日の市場価格等に基づく時価法（評価差額は全部純資産直入法により処理し，売却原価は移動平均法により算定しています）
② 市場価格のない株式等
移動平均法による原価法

2．棚卸資産の評価基準及び評価方法 ·····························
貯蔵品については，最終仕入原価法による原価法（貸借対照表価額は収益性の低下に基づく簿価切り下げの方法により算定）によっています。

3．固定資産の減価償却の方法 ·····································
（1） 有形固定資産（リース資産を除く） ·························
定額法によっています。
なお，主な耐用年数については以下のとおりであり，残存価額は実質残存価額によっています。

建物　　　　　　　　4〜56年
工具，器具及び備品　3〜26年
（2） 無形固定資産（リース資産を除く） ·························
定額法によっています。なお，自社利用のソフトウェアについては，社内における利用可能期間（5年以内）に基づく定額法によっています。
（3） リース資産 ···
所有権移転外ファイナンス・リース取引に係るリース資産
リース期間を耐用年数とし，残存価額は実質残存価額とする定額法によって

います。

4. 引当金の計上基準 ………………………………………………………………

（1） 貸倒引当金 ………………………………………………………………………

　債権の貸倒れによる損失に備えるため，一般債権については貸倒実績率により，貸倒懸念債権等特定の債権については債権の回収可能性を勘案し，回収不能見込額を計上することとしています。

　なお，当事業年度においては，引当金の計上はありません。

（2） 退職給付引当金 ……………………………………………………………………

　従業員の退職給付に備えるため，当事業年度末における退職給付債務及び年金資産の見込額に基づき計上しています。

① 退職給付見込額の期間帰属方法

　退職給付債務の算定にあたり，退職給付見込額を当事業年度末までの期間に帰属させる方法については，給付算定式基準によっています。

② 数理計算上の差異及び過去勤務費用の費用処理方法

　過去勤務費用については，発生時の従業員の平均残存勤務期間に基づく年数による定額法により，発生時から費用処理しています。

　数理計算上の差異については，発生時の従業員の平均残存勤務期間に基づく年数による定額法により，翌事業年度から費用処理しています。

5. 収益及び費用の計上基準 ………………………………………………………

　約束した財又はサービスはその支配が顧客に移転した時点で，当該財又はサービスと交換に受け取ると見込まれる金額で収益を認識しています。

　当社の顧客との契約から生じる主な収益は，基盤的研究開発収入です。当社は，グループの基盤的研究開発を一元的に行っており，当社の基盤的研究開発の成果を継続的に利用する契約を子会社と締結しています。当該契約については，当社の子会社に対し基盤的研究開発に関わる包括的な役務を提供することを履行義務として識別しています。当該履行義務は，時の経過につれて充足されるため，基盤的研究開発の成果を利用する契約期間にわたって期間均等額で収益を計上して

います。

6. ヘッジ会計の方法 ……………………………………………………………

(1) ヘッジ会計の方法 …………………………………………………………

　繰延ヘッジによっています。ただし，為替予約等については振当処理を適用しており，また，金利スワップ取引のうち，「金利スワップの特例処理」（金融商品に関する会計基準注解（注14））の対象となる取引については，当該特例処理を適用しています。

(2) ヘッジ手段とヘッジ対象 ……………………………………………………

① ヘッジ手段

　ヘッジ手段として，為替予約取引，通貨スワップ取引，クーポン・スワップ（金利部分のみの通貨スワップ）取引，金利スワップ取引及び金利オプション取引等，又はこれらの組み合わせによる取引を行うこととしています。

② ヘッジ対象

　ヘッジ対象は，将来の市場価格（為替・金利等）の変動により時価又は将来キャッシュ・フローが変動するリスクのある資産（有価証券，貸付金及び未収金等）又は負債（社債，借入金及び未払金等）としています。

(3) ヘッジ方針 ……………………………………………………………………

　為替リスクのある資産及び負債については，社内規程に基づき，為替予約，通貨スワップ等により為替リスクをヘッジしています。

　金利リスクのある資産及び負債については，社内規程に基づき，金利スワップ等により金利リスクをヘッジしています。

(4) ヘッジ有効性評価の方法 ……………………………………………………

　ヘッジ対象及びヘッジ手段について，毎四半期末に個別取引毎のヘッジ効果を検証していますが，ヘッジ対象の資産又は負債とヘッジ手段について元本，利率，期間等の重要な条件が同一である場合には，本検証を省略することとしています。

7．その他財務諸表作成のための基礎となる事項 ································

（1）　退職給付に係る会計処理 ··

　退職給付に係る未認識数理計算上の差異，未認識過去勤務費用の会計処理の方法は，連結財務諸表におけるこれらの会計処理の方法と異なっています。

（2）　グループ通算制度の適用 ··

　グループ通算制度を適用しています。

（追加情報）

1．役員報酬における業績連動型株式報酬（役員報酬BIP信託）

　（1）　取引の概要

　　　取引の概要については，「連結財務諸表注記4.1.　資本」に記載しています。

　（2）　役員報酬BIP信託が保有する当社の株式

　　　役員報酬BIP信託が保有する当社株式の帳簿価額及び株式数は，前事業年度末3,154百万円，1,089,760株，当事業年度末2,991百万円，1,033,466株であり，貸借対照表上「自己株式」として処理しています。

2．グローバル事業の再編

　　　当社は2022年5月9日開催の取締役会の決議に基づき，当社グループのグローバル人材及びリソースを結集し，ビジネスユーザ向けのグローバル事業能力とグローバルガバナンスを強化することを目的としたグローバル事業の再編を実施し，「企業結合に関する会計基準」（企業会計基準第21号 2019年1月16日）及び「企業結合会計基準及び事業分離等会計基準に関する適用指針」（企業会計基準適用指針第10号 2019年1月16日）に基づき，共通支配下の取引等として処理を実施しました。

　　　当社は，2022年10月1日を効力発生日として，NTT株式会社（以下，「NTT, Inc.」）が保有するNTTデータ株式を現物配当により取得し，受け入れた関係会社株式の帳簿価額401,204百万円については，再編対象会社の株主資本の額を基準として決定しています。

　　　また，2022年10月1日に，当社が保有するNTT, Inc.株式260株（発行済株式数の4%）を112,000百万円でNTTデータへ売却しており，取引金額につ

いては，両者協議のうえ決定しています。

　なお，NTT, Inc. は，2022年10月1日，その名称を株式会社 NTT DATA, Inc. に変更しています。

　当社はNTTデータ株式を市場買付により追加取得していますが，取引内容については「連結財務諸表注記4.1.　資本」に記載しています。

第2章

情報通信・IT業界の "今" を知ろう

企業の募集情報は手に入れた。しかし，それだけでは
まだ不十分。企業単位ではなく，業界全体を俯瞰する
視点は，面接などでもよく問われる重要ポイントだ。
この章では直近1年間の運輸業界を象徴する重大
ニュースをまとめるとともに，今後の展望について言
及している。また，章末には運輸業界における有名企
業（一部抜粋）のリストも記載してあるので，今後の就
職活動の参考にしてほしい。

▶▶人をつなぐ，世界をつなぐ
情報通信・IT 業界の動向

> 「情報通信・IT」は，情報通信や情報技術に関わる業界である。時代は「パソコン」から，スマートフォン，タブレット端末といった「モバイル」へとシフトしている。

❖ IT情報サービスの動向

　情報技術 (IT) の適用範囲は，さまざまな企業や職種，そして個人へと加速度的に広がっている。2022年の国内IT市場規模は，前年比3.3％増の6兆734億円となった。ITサービス事業者の業務にリモートワークが定着し，停滞していた商談やプロジェクト，サービス提供が回復したことが要因と見られる。

　引き続きスマートフォンが市場を牽引しているが，今後，海外市場での需要の高まりなどを背景に，設備投資を拡大する組立製造，電力自由化において競争力強化を行う電力／ガス事業，eコマース（EC）がSNSを中心とした新たなチャネルへ移行している情報サービスなどで，高い成長率が期待される。

　また，クラウド化やテレワーク対応などのデジタルトランスフォーメーション（DX）需要がコロナ禍において急増，コロナ後も需要は継続している。

●グローバルな再編が進むIT企業

　新しいツールを駆使したビジネスにおいて，進化の早い技術に対応し，標準的なプラットフォームを構築するためにも，グローバル化は避けて通れない道である。2016年，世界第3位のコンピューターメーカーの米Dellが，ストレージ（外部記憶装置）最大手のEMCを約8兆円で買収した。この巨大買収によって誕生した新生Dellは，仮想化ソフト，情報セキュリティ，クラウド管理サービスなど事業領域を大幅に拡大する。国内企業では，システム構築で業界トップのNTTデータが，2016年3月にDellのITサービ

ス部門を買収した。買収額は約3500億円で、NTTグループでは過去3番目の大型買収である。NTTデータは、2000年代後半から国内市場の成長鈍化を見据えて、欧米を中心にM＆Aを展開してきた。過去12年間で約6000億円を投じ、50社以上を買収したことで、2006年3月期に95億円だった海外売上高は2018年3月期には9080億となっている。同期の全売上高は2兆1171億円で、半分近くを海外での売上が占めている。また、NTTグループは2016年から、産業ロボット大手のファナックとも協業を開始している。ファナックは、製造業のIoT（Internet of Things ＝すべてのもののインターネット化）を実現するためのシステム開発を進めており、この運用開始に向けて、ビジネスの拡大をともに目指している。

　ソフトバンクグループもまた、2016年に約3.3兆円で、英半導体設計大手のARMを買収した。日本企業による海外企業買収では、過去最大の規模となる。ARMは、組み込み機器やスマートフォン向けCPUの設計で豊富な実績を持つ企業であり、この買収の狙いも「IoT」にある。あらゆるものをインターネットに接続するためには、携帯電話がスマホになったように、モノ自体をコンピューター化する必要がある。近い将来、IoTが普及すれば、ARM系のCPUがあらゆるものに搭載される可能性につながっていく。

●IoT，ビッグデータ，AI —— デジタル変革の波

　IT企業のグローバル化とともに、近年注目を集めているのが「デジタルトランスフォーメーション（デジタル変革）」である。あらゆる情報がIoTで集積され、ビッグデータやAI（人工知能）を駆使して新たな需要を見出し、それに応える革新的なビジネスモデルが次々と登場している。

　2022年から2023年にかけて話題をさらったのは、米オープンAI社による「チャットGPT」だった。AIによる自然で高度な会話に大きな注目が集まった。米マイクロソフトは2023年1月にオープンAIへの1兆円規模の追加融資を発表。チャットGPTを組み込んだ検索や文章作成などの新サービスを次々と発表した。

　生成AIは従来のAIに比べて性能が飛躍的に向上。前出の文章作成に加え、プログラミングやAIアートなど、その用途は多岐にわたる。今後は生成AIを活用した業務・サービス改善にも注目が集まる。

●サービスのトレンドは，シェアリングエコノミー

　シェアリングエコノミーとは、インターネットを通じて個人や企業が保有

している使っていない資産の貸し出しを仲介するサービスのこと。たとえば、自動車を複数人で利用する（ライドシェア）、空き家や駐車場、オフィスを有効活用する（スペースシェア）などがある。

米国のウーバーが提供しているのは「自動車を利用したい人」と「自動車を所有していて空き時間のある人」をマッチングする配車・カーシェアリングサービス。サービスはアプリに集約されており、GPSで利用者の位置情報を把握して、配車する。車の到着時間といった情報もスマートフォンを通して的確に伝えられる。ウーバーには、2017年にソフトバンクが出資しており、2018年10月にはソフトバンクとトヨタ自動車が新しいモビリティサービスの構築に向けた提携で合意、新会社も設立した。国内のライドシェアサービスには、オリックス自動車や三井不動産レアルティなど、駐車場やレンタカー事業を運営していた大手企業も参入している。

スペースシェアとしては、家の有効活用として、民泊サービスで有名なエアービー・アンド・ビーがある。このほかにも、駐車場のシェアサービスが、パーク24といった駐車場大手企業も参加して始まっている。また、フリマアプリの「メルカリ」やヤフーオークションも、不要物の再活用という意味でモノのシェアといえる。モノをシェア/再活用するニーズは、若者を中心に広がっており、小売大手の丸井グループがブランドバッグのシェアサービス「Laxus」と事業提携するなど、今後、成長が期待できる分野といえる。

❖ 通信サービスの動向

携帯通信業界は、自前の回線を有するNTTドコモ、KDDI（au）、ソフトバンクの3社（キャリア）を中心に伸びてきた。総務省によれば、日本の携帯電話の契約数は2022年3月の時点で2億302万件となっている。スマホの普及により、高齢者や10代の利用者が増加しており、市場としては、引き続き右肩上がりの成長となっている。しかし、その一方で、たとえばソフトバンク全体の事業において、国内の固定・携帯電話で構成される国内通信事業の売上高は、すでに4割を割っている。NTTグループでも、NTTデータとNTT都市開発の売上高が、全体の2割にまで伸びており、ITサービスカンパニーとして軸足を海外事業に移している。KDDIもまた、住友商事と共にモンゴルやミャンマーで携帯事業に参入してトップシェアを獲得す

るなど，海外進出を拡大させている。国内の通信事業は成熟期を迎えており，今後，契約件数の伸びが期待できないなか，大手3社は新たな収益の実現に向けて，事業領域を拡大する段階に入っている。

●楽天モバイル「0円プラン」廃止で競争激化

総務省は，2016年よりNTTドコモ，KDDI（au），ソフトバンクの携帯大手に対して，高止まりしているサービス料金の引き下げを目的に，スマートフォンの「実質0円販売」の禁止など，さまざまな指導を行ってきた。2019年10月施行の改正電気通信事業法では，通信契約を条件とする2万円以上の端末値引きが禁じられるとともに，途中解約への違約金上限も大幅に下げられた。

なかでも有効な政策となっているのが，格安スマホ業者（MVNO）への支援である。MVNOは，通信インフラを持つ大手3社の回線を借りて，通信や通話サービスを提供する事業者のこと。総務省の後押しなどもあり，MVNOの事業者数は2019年3月の時点で1000社を超えた。また，利用者も着実に増えており，調査会社MM総研によると，格安スマホの契約回線数は，2020年3月末には1500万件を超えた。

モバイル市場全体に占める割合を順調に伸ばしてきたMVNOだが，ここにきてやや苦戦が見られる。大手キャリアが投入する格安プランの好調により，割安感の低下が響いたことが原因に挙げられる。話題となった「0円プラン」が廃止となり，顧客離れの影響を大きく受けた楽天モバイルは，KDDI回線のデータ使用量を無制限にした「Rakuten 最強プラン」を2023年6月に開始したが，巻き返しには至っていない。

●IoTへの対応を見据えた5G

技術面で注目を集めているのが，2020年に商用化された次世代通信規格の5Gである。5Gは，現行の4Gに比べ，大容量，同時多接続，低遅延・高信頼性，省電力・低コストといった特徴がある。IoTの普及に必須のインフラ技術とされており，これまでの通信規格に求められてきたものに加え，将来期待されるさまざまなサービスへの対応も求められている。低遅延化・高信頼性については，たとえば，自動車の自動運転のような安全・確実性が求められるサービスにおいては必須の要件となる。また，同時多接続は，今後，携帯電話だけでなく，IoTで接続される機器の爆発的な増加が予想されることから，4Gの100倍の接続数が求められている。

キャリア各社はすでに，コンテンツサービスの拡充，ロボットの遠隔操作，自動運転などの実証実験を進めている。MVNOに対して，スマートフォン向け回線サービスは提供されたとしても，すべてのサービスが対象となるかは不透明といえる。5Gの普及によって，キャリアの携帯ゆえに享受できるサービスが大きく進化すれば，料金の安さでMVNOを選択している利用者の判断にも影響が出る可能性もある。

❖ eコマース（EC）市場の動向

インターネットを通じて商品やサービスを売買する「eコマース」（EC）は順調に拡大しており，経済産業省の発表では，2021年の消費者向け（BtoC）電子商取引の市場規模は20兆6950億円となった。

市場を牽引してきたのは，楽天とアマゾン，そして，YahooやZOZOを傘下に抱えるZホールディングスである。楽天やZホールディングスは企業や個人の出品者に売り場を提供する「モール型」，アマゾンは自社で商品を仕入れる「直販型」が主流だったが，近年はアマゾンも「モール型」のビジネスを取り入れている。また，会費制の「アマゾン プライム」では，映画や音楽の無料視聴，写真データの保存など，多くのサービスを展開している。2017年4月からは生鮮食品を扱う「アマゾン フレッシュ」を開始，ネットスーパー業界にも進出した。楽天は米ウォルマートと業務提携し，ネットスーパーを開始するほか，朝日火災海上保険（楽天損害保険）や仮想通貨交換業のみんなのビットコインを買収するなど，通販以外の分野にも投資を続けている。Zホールディングスは21年3月には LINEを経営統合。両者の顧客基盤を掛け合わせた新たなサービスを模索し，国内首位を目指している。

コロナ禍の巣篭もり特需で，3社とも売上を大きく伸ばした。利用習慣の定着化により，中小企業や個人の販売も拡大している。

●フリマアプリの躍進と越境ECの伸長

フリマアプリでは「メルカリ」が国内で強さを誇る。メルカリは，個人間（CtoC）による物品売買を行うスマホアプリとして，2013年7月に国内サービスを開始した。誰でも簡単にスマホで売りたいものを撮影して，マーケットプレイスに出品できる手軽さと，個人情報を知られずに取引を完了できるといったきめ細かいサービスが爆発的人気の背景にある。しかし，新型

コロナウイルスによる巣ごもり特需が終了し，EC市場に逆風が吹いたこともあり，やや伸び悩みが見られる。2022年の6月期決算では売上高は1470億円と前年比38.6％増となったが，営業利益はマイナス37億と赤字決算になってしまった。

「越境EC」といわれる海外向けのネット通販も，市場を拡大している。中国ではモバイル端末の普及が進み，中国インターネット情報センター（CNNIC）の発表では2020年6月時点でネット利用者は9億人とされている。2019年の中国国内EC売上高は約204兆円に達し，越境ECも10兆円を超えている。2014年に，中国最大のECサイト・アリババが海外業者向けの「天猫国際」を開設した。現在，メーカーから流通，小売まで，多くの日本企業が出店し，大きな成果を上げている。にサービスを開始し，2016年，2017年には中国における越境ECのトップシェアを獲得している。同社は，2017年には日本支社も設立，認知拡大，商品の仕入れ活動を本格化させている。経済産業省によると，2017年度の中国人による越境ECを通じた日本からの購入金額は1兆2978億円だった。日本の事業者にとって，越境ECの利用は，海外に直接出店するリスクがなく，マーケットは広がり，初期投資を抑えながら海外進出を狙えるメリットがある。

情報通信・IT業界

直近の業界各社の関連ニュースを
ななめ読みしておこう。

Google、生成AIで企業需要開拓　Microsoftに対抗

米グーグルが文章や画像を自動で作る生成AI（人工知能）で企業需要の開拓に本腰を入れる。生成AIを組み込んだサービスを開発するための基盤を整え、コストを左右する半導体の自社開発も強化する。企業向けで先行する米マイクロソフトに対抗し、早期の投資回収につなげる。

グーグルのクラウドコンピューティング部門で最高経営責任者（CEO）を務めるトーマス・クリアン氏が日本経済新聞の取材に応じた。同氏は「経済が不安定で一部の企業がIT（情報技術）投資を減速させる一方、AIを使って業務を自動化するプロジェクトが増えてきた」と述べた。

同社はクラウド部門を通じて企業に生成AI関連のサービスを提供する。クリアン氏はサービス開発に使う大規模言語モデルなどの種類を増やし、企業が目的に応じて選べるようにすることが重要だと指摘した。自社開発に加え外部からも調達する方針で、米メタや米新興企業のアンソロピックと連携する。

半導体の調達や開発も強化する。AI向けの画像処理半導体（GPU）を得意とする米エヌビディアとの関係を強め、同社の最新モデル「GH200」を採用する。一方、自社開発も強化し、学習の効率を従来の2倍に高めた「TPU」の提供を始めた。クリアン氏は人材採用などにより開発体制をさらに強化する考えを示した。

グーグルは生成AIを使った米ハンバーガーチェーン大手、ウェンディーズの受注システムの開発を支援したほか、米ゼネラル・モーターズ（GM）と車載情報システムへの対話AIの組み込みで協力している。企業による利用を増やすため、「成果を上げやすいプロジェクトを一緒に選定し、コストなどの効果を測定しやすくする」（クリアン氏）としている。

大手企業に加えて、伸び代が大きい新興企業の取り込みにも力を入れる。クリアン氏は生成AI分野のユニコーン企業の70%、外部から資金提供を受けたAI

新興企業の50％が自社の顧客であると説明した。グーグルのサービスを使うと学習や推論の効率を２倍に高められるといい、「資金の制約が大きい新興勢の支持を受けている」と説明した。

生成AIの企業向けの提供では米オープンAIと資本・業務提携し、同社の技術を利用するマイクロソフトが先行した。同社のサティア・ナデラCEOは４月、「すでにクラウド経由で2500社が利用し、１年前の10倍に増えた」と説明している。グーグルも企業のニーズにきめ細かく応えることで追い上げる。

生成AIの開発と利用に欠かせない高性能のGPUは奪い合いとなっており、価格上昇も著しい。この分野で世界で約８割のシェアを握るエヌビディアの2023年５～７月期決算は売上高が前年同期比２倍、純利益が９倍に拡大した。

生成AI開発企業にとっては先行投資の負担が高まる一方で、株式市場では「投資回収の道筋が明確ではない」といった声もある。グーグルやマイクロソフトなどのIT大手にも早期の収益化を求める圧力が強まっており、安定した取引が見込める企業需要の開拓が課題となっている。

各社が生成AIの投資回収の手段として位置付けるクラウド分野では、世界シェア首位の米アマゾン・ドット・コムをマイクロソフトが追い上げている。グーグルは３番手が定着しているが、クリアン氏は「（生成AIで業界構図が）変わる。将来を楽観している」と述べた。長年にわたって世界のAI研究をリードしてきた強みを生かし、存在感を高める考えだ。

（2023年９月３日　日本経済新聞）

Apple、日本拠点40周年　アプリ経済圏460億ドルに

米アップルは８日、アプリ配信サービス「アップストア」経由で提供された日本の商品やサービスの売上高が2022年に計460億ドル（約６兆5500億円）にのぼったと発表した。今年６月に拠点設立から丸40年を迎えた日本で、アップルの存在感は大きい。一方で規制強化の動きなど逆風もある。

ティム・クック最高経営責任者（CEO）は「我々は日本のものづくりの匠（たくみ）の技とデザインが持つ付加価値などについて話し合っている。記念すべき40周年を共に祝えて誇りに思う」とコメントを出した。日本の「アプリ経済圏」の460億ドルのうち、小規模な開発業者の売り上げは20～22年に32％増えたという。

1976年に故スティーブ・ジョブズ氏らが創業したアップル。７年後の83年６

月に日本法人を設けた。それまでは東レなどがパソコン「アップル2」の販売
代理店を担い、日本法人の立ち上げ後も一時はキヤノン系が販売を請け負った。
2003年には海外初の直営店を東京・銀座に開店し、今は福岡市や京都市など
に10店舗を構える。

もともとジョブズ氏は禅宗に通じ、京都を好むなど日本に明るいことで知られ
た。ソニーを尊敬し、創業者の盛田昭夫氏が死去した1999年のイベントでは
盛田氏の写真をスクリーンに映して「新製品を彼に喜んでほしい」と追悼の意
を表した。

01年に携帯音楽プレーヤー「iPod」を発売すると、「ウォークマン」やCDの
規格で主導していたソニーから音楽業界の主役の座を奪った。日本の家電メー
カーにとっては驚異的な存在だったとも言える。

アップルから見ると、日本は製造・販売両面で重要拠点だ。主力スマートフォ
ン「iPhone」で国内の電子部品市場は拡大し、1000社近い巨大なサプライ
チェーン(供給網)を築いた。「アプリ関連やサプライヤーで100万人を超え
る日本の雇用を支えている。過去5年間で日本のサプライヤーに1000億ドル
以上を支出した」と説明する。

販売面では一人勝ち状態が続く。調査会社MM総研(東京・港)によると、
22年のスマホの国内シェアはアップルが約49%と半分に迫り、携帯電話シェ
アで12年から11年連続で首位に立つ。タブレットのシェアも約50%、スマー
トウオッチも約60%にのぼる。

「爆発的に普及するとは全く思わなかった」。ジョブズ氏と縁のあった孫正義氏
が率いていたソフトバンクが「iPhone3G」を独占販売する際、他の通信大手
幹部は「冷ややかな目で見ていた」と振り返る。だが、iPhone人気でソフトバ
ンクは新規顧客を集め、通信業界の勢力図を塗り替えた。11年にはKDDI、
13年にNTTドコモが追随し、後に政府から批判される値引き競争や複雑な料
金プランにつながっていく。

日本の存在感の大きさはアップルの決算発表にも表れる。資料では毎回、米州、
欧州、中華圏、日本、その他アジア太平洋地域という5つの地域別売上高を
開示する。単体の国として分けているのは日本だけで、米テクノロジー大手で
は珍しい。

最近は陰りも見える。足元の日本の売上高は前年同期比11%減で、売上高全
体における比率は6%にとどまった。円安や値引き販売の抑制などが理由だが、
アップル関係者からは「製造も販売も我々は既にインドを見ている」という声
も上がる。

アプリ経済圏の先行きも不透明だ。政府のデジタル市場競争会議は6月、他社が運営する代替アプリストアをアップルが受け入れるよう義務付けるべきだと指摘した。販売減少や規制強化といった逆風を越えられるか──。次の40年に向けた新たな施策が求められる。

（2023年8月8日　日本経済新聞）

初任給、建設・ITで大幅増　若手確保に企業奔走

初任給を大幅に引き上げる企業が相次いでいる。2023年度の初任給伸び率ランキングをみると建設や運輸業界、情報ソフト、通信業界での引き上げが目立つ。新型コロナウイルス禍から経済活動が正常化に進む中、若手確保に動く企業が多いようだ。

日本経済新聞社が実施した23年度の採用計画調査をもとに大卒初任給の前年度比伸び率ランキングを作成。調査は4月4日までに主要企業2308社から回答を得た。

首位は商業施設の設計・施工などを手掛けるラックランドで30.7%増の26万6600円だった。初任給の引き上げは16年ぶりだ。加えて入社4年目まで基本給を底上げするベースアップ（ベア）を毎年3%実施する。施工管理者から営業、設計、メンテナンスまで幅広い人材獲得を目指す。

背景にあるのが年々増す採用の厳しさだ。人事担当者は「22年度は内定辞退が増え採用目標数を割った」と言う。引き上げ後の初任給は全業界平均22万8471円を大きく上回った。6月に解禁した24年卒の採用活動では社長面談の時期を早めるなど学生の獲得策を強化しており、「内定承諾のペースは昨年と比べると速い」という。

石油精製・販売の三愛オブリも大卒初任給を24.9%引き上げ26万円とした。同社は23年度に手当の一部を基本給に組み入れる賃金制度の改定で全社員の基本給が大幅増となった。空港の給油施設運営などを手掛けるなかで空港内作業者の初任給も同水準で引き上げており「採用に弾みをつけたい」とする。

航海士など特殊な技術や知識を要する人材も奪い合いだ。業種別の初任給伸び率ランキングで首位だった海運は業界全体で6.7%増と大幅に伸ばした。なかでもNSユナイテッド海運は大卒初任給で21.1%増の26万3700円。2年連続で初任給を引き上げた。

ゲームなどを含む情報ソフトや金融関連、通信業界なども初任給引き上げが顕

著だ。IT（情報技術）エンジニア確保が目的だ。実際、企業ランキング２位は
スクウェア・エニックス・ホールディングス。全社員の給与も平均10％引き
上げており、「物価高騰に加え新たに優秀な人材の獲得強化を見込む」とする。
実はゲーム業界に初任給引き上げドミノが起きている。バンダイナムコエン
ターテインメントは22年度に大卒初任給を前年度比25％上げて29万円とし
た。カプコンなども22年度に実施。23年度にはスクウェア・エニックスに加
え任天堂が１割増の25万6000円とした。中堅ゲーム会社幹部は「（優秀な人
材の）つなぎ留めのために賃上げをしないと、他社に流出してしまう」と危機
感を隠さない。

金融も初任給の引き上げが目立った。三井住友銀行は初任給を16年ぶりに引
き上げ、大卒で24.4％増の25万5000円とした。スマホ金融などの強化に
必要なデジタル人材はあらゆる業界で奪い合いになっている。

三井住友銀に続き、みずほフィナンシャルグループは24年に５万5000円、
三菱ＵＦＪ銀行も同年に５万円、それぞれ初任給を引き上げることを決めている。
ネット専業銀行や地方銀行も相次ぎ初任給引き上げに走っている。

一方、初任給の伸びが低かったのが鉄鋼業界。前年比ほぼ横ばいだった。初任
給は春季労使交渉で決まる場合が多く、鉄鋼大手は効率化などを目的に交渉を
２年に１度としている。23年は労使交渉がなかったことが影響したとみられる。

倉庫・運輸関連は前年比0.9％増、水産や自動車・部品が１％増となった。例
年に比べれば高い賃上げ率だが、各業界とも初任給の全体平均額を下回ってい
る。

過去にも人手不足感が高まると、初任給を引き上げる傾向が強まった。しかし
23年は企業の焦りが感じられる。初任給伸び率が2.2％増となり、10年以降
で最大の伸び率となっているのだ。24年度以降の持続性もカギとなりそうだ。
法政大学の山田久教授は「全体の賃金上昇傾向が続くかは経済の情勢次第で不
透明感が残るが、初任給引き上げ競争は今後も続くだろう」とみる。少子高齢
化で若年労働人口が減る中、企業はIT人材から現場労働者まで若手の採用力
強化が必須となっている。　　　　　　　　（2023年6月18日　日本経済新聞）

NVIDIAとTSMC、生成AIに専用半導体　年内投入へ

半導体設計大手の米エヌビディアと半導体受託生産首位の台湾積体電路製造
（TSMC）が、生成AI向けの専用半導体を年内に投入する。AIが回答を導き出

す過程の速度を前世代品に比べて最大12倍にする。半導体は「新型コロナウイルス特需」の反動で市況が悪化するなか、米台の2強が次の成長分野でリードを固める。

「(AI向け半導体の)需要は非常に強い。サプライチェーン(供給網)のパートナーとともに増産を急いでいる」

エヌビディアのジェンスン・ファン最高経営責任者(CEO)は30日、台北市内で記者会見し、生成AI向け市場の成長性を強調した。台湾出身のファン氏は同日開幕したIT(情報技術)見本市「台北国際電脳展」(コンピューテックス台北)に合わせて訪台した。

エヌビディアはAI分野で広く使われる画像処理半導体(GPU)を手掛け、AI向け半導体で世界シェア8割を握る。「Chat(チャット)GPT」に代表される対話型の生成AIの急速な進化を受け、AIのデータ処理に特化した専用半導体を年内に投入する。

エヌビディアが設計した半導体をTSMCが量産する。AIが質問への回答を導き出す「推論」のスピードを前世代品に比べて最大12倍に速める。

生成AIサービスの多くは、データセンターのサーバー上で開発・運用されている。GPUは膨大なデータをAIに学ばせて回答の精度を上げていく「学習」と、利用者から質問などを受けてAIが答えを導く「推論」の両方に使われる。

特にエヌビディアのGPUは「(AI用途への)最適化が進んでおり、大きな先行者優位がある」(台湾調査会社トレンドフォースの曾伯楷アナリスト)。

チャットGPTを開発した米新興オープンAIは、サービス開発に約1万個のGPUを用いているとされる。トレンドフォースは技術の高度化に伴い、今後は一つのサービスを開発・運用するのに3万個以上のGPUが必要になると予測する。

ゲームや動画編集に使われる一般的なGPUは市販価格が1個10万円以下のものもあるが、AI向け高性能GPUは100万円を優に超える。需要が伸びれば市場全体へのインパクトも大きい。

独調査会社スタティスタは、生成AIがけん引するAI向け半導体の市場規模が、2028年に21年比で12倍の1278億ドル(約18兆円)に急拡大すると予測する。半導体市場全体が22年時点で80兆円規模だったのと比べても存在感は大きい。

エヌビディアを支えるのは、半導体の量産技術で世界トップを走るTSMCだ。新たに投入する生成AI向け半導体を含め、AI向け高性能GPUを独占的に生産する。

両社の関係は1990年代半ばに遡る。創業間もないエヌビディアは、生産委託先の確保に苦しんでいた。台湾出身のファンCEOが頼ったのは当時、半導体受託生産で躍進しつつあったTSMC創業者の張忠謀（モリス・チャン）氏だった。

張氏が電話で直接交渉に応じ、両社の取引がスタートしたという。以後30年近くにわたり、TSMCはゲームからパソコン、AI向けに至る幅広い製品を供給してきた。

近年はAI向け半導体の性能向上の鍵を握る「パッケージング技術」の開発で関係を深めている。異なる機能を持つ複数の半導体を一つのパッケージに収め、効率よく連動させる技術だ。

エヌビディアは2010年代中盤にいち早く同技術をGPUに採用。量産技術を開発するTSMCと二人三脚で、性能向上を実現してきた。

生成AI向け半導体の開発競争は激化が見込まれる。米グーグルや米アマゾン・ドット・コムといったIT大手が、独自に半導体の設計に乗り出している。両社ともエヌビディアの大口顧客だが、自前の半導体開発によってサービスの差別化やコスト低減を狙う。

そのIT大手も半導体の生産は外部委託に頼らざるを得ない。エヌビディアとTSMCの緊密な関係は、今後の競争で有利に働く可能性がある。

20年〜22年前半にかけて好調が続いた世界の半導体市場は、足元で厳しい状況にある。コロナ特需の反動でパソコンやスマホ、ゲーム機などの販売が落ち込み、全体的な市況の回復は24年になるとの見方が強い。TSMCは23年12月期通期に前の期比で減収（米ドルベース）を見込む。

生成AIはスマホなどに代わる半導体市場のけん引役となることが期待される。TSMCの魏哲家CEOは4月中旬の記者会見で「AI向けの需要は強く、業績成長の原動力となる」と強調した。

ファン氏も30日の記者会見で「我々は間違いなく、生成AIの新時代の始まりにいる」と述べ、業界が大きな成長局面に入りつつあると指摘した。生成AIの進化を支える製品を供給できるかが、市場全体の成長を左右する。

（2023年5月30日　日本経済新聞）

5G網整備へ技術者争奪　携帯電話大手4社、14％増員

高速通信網を整備する技術者の争奪が激しい。携帯大手4社は2022年3月

末に技術者を前年同期比14％増やした。転職者の平均年収も新型コロナウイルス禍のときと比較して2割上昇した。足元ではIT（情報技術）・通信エンジニアの転職求人倍率は全体を大きく上回っている。

高速通信規格「5G」の利用区域を広げるため需要は高まる。通信基盤を支える人材の不足が続けば日本のデジタル化に響きかねない。

総務省の調査によると、携帯大手4社の無線従事者や保守などの技術者数は22年3月末時点で計3万5400人だった。

企業ごとに定義の異なる部分はあるものの、前年同期比の伸び率は楽天モバイルが最大の34％増の3500人。次いでソフトバンクが28％増の1万800人、NTTドコモが7％増の1万2100人、KDDIが5％増の8800人と続いた。

5Gの通信速度は4Gの最大100倍で遅延したときの影響は10分の1に低下するとされる。スマートシティーや自動運転、工場機器の遠隔制御などに生かせば、新たなビジネスにつながる。

30年ごろには次世代の6Gへの移行が始まる見込みだが、技術革新とともに複雑なネットワーク構築を求められる。

ソフトバンクの担当者は「災害対策に加えて、5G基地局の整備のために技術者を増やしている」と説明する。KDDIも基地局の保守・運用に関わる技術者の需要は引き続き大きいとみる。

新型コロナで社会のデジタル化の要請が高まり、通信業界の技術者不足は厳しさを増す。KDDIなどで大規模な通信障害が相次いだことも通信網の重要性を意識させた。

人材サービス大手のエン・ジャパンによると、エンジニアが転職した際の22年の平均年収は新型コロナで底となった20年比19％増の519万円だった。

同社で通信業界を担当する星野玲氏は「通信業界は人材獲得が難しい。売り手市場で適正水準を上回る年収を示す事例が多い」と話す。従来は700万円程度が上限だったが、いまは900万円ほどに上がっているという。

携帯大手が求めるネットワーク技術者の22年の求人数は20年より45％増えた。パーソルキャリアの転職サービスのdoda（デューダ）によると、足元の23年2月のIT・通信エンジニアの転職求人倍率は10.19倍で、全体の2.15倍を上回った。

問題はこうした需要をまかなうだけの人材がいないことだ。経済産業省は30年に国内で最大79万人のIT人材が不足すると予測する。

政府は電力・ガス、道路、鉄道などのインフラ点検で規制を緩和し、ドローンや人工知能（AI）の導入を促す。通信でも保守・運用を自動化すれば余剰人員

を競争分野に振り向けることができる。

稲田修一早大教授は「通信業界は他分野に比べて省人化が進んでいるとは言えない」として改善が不可欠だと指摘する。

総務省によると、5Gの全国人口カバー率は22年3月末時点で93%とまだ行き渡っていない。新型コロナで露呈したデジタル化の遅れを取り戻すためにも、5G網づくりを急ぐ必要がある。

（2023年4月19日　日本経済新聞）

IT業界特化のSNSアプリ　HonneWorks

企業の平均年収をまとめたウェブサイトを運営するHonneWorks（ホンネワークス、神奈川県茅ケ崎市）は、IT（情報技術）業界で働く会社員向けに特化したSNS（交流サイト）アプリの提供を始める。利用者は匿名で参加できるが、ホンネワークスが職場のメールアドレスから勤務先を確認する点が特徴。信頼度の高い情報の交換につなげ、転職希望者に役立ててもらう。事業拡大に備え、ベンチャーキャピタル（VC）のゼロイチキャピタルなどからJ-KISS型新株予約権方式で約3000万円を調達した。

（2023年3月7日　日本経済新聞）

ITエンジニア、転職年収2割増　製造業や金融で引き合い

IT（情報技術）エンジニアについて、製造業や金融など非IT系の事業会社に転職した際の年収の上昇が目立つ。2022年までの2年間で2割上がり、エンジニア全体の平均を上回った。デジタルトランスフォーメーション（DX）化などを背景に、社内のシステム構築などの業務が増えた。IT業界以外の企業は、社内にITに詳しい人材が少ない。即戦力となる経験者を中心に高い年収を提示し獲得を急いでいる。

東京都在住の30代男性は、22年12月にITシステムの開発企業から鋼材系メーカーの社内システムエンジニア（SE）に転職した。自社のITインフラの整備をしている。転職で年収は50万円ほど上がった。

以前はクライアント先のシステム開発を担当していた。自社のシステムは利用者からの反応なども確認しやすく、やりがいを感じるという。

人材サービス大手のエン・ジャパンによると、同社の運営する人材紹介サービス「エン エージェント」を通じて決まった IT エンジニアの転職のうち、非 IT 企業の初年度年収（転職決定時、中央値）は 22 年が 516 万円。IT エンジニア全体（511 万円）を上回る。

上昇率も同様だ。非 IT 企業は新型コロナウイルスの感染が広がった 20 年に比べ 95 万円（22.6％）高い。IT エンジニア全体（21.4％）に比べ、伸びの勢いが目立つ。

背景にあるのが新型コロナ禍を契機とした、IT 人材の不足だ。パーソルキャリア（東京・千代田）の転職サービスの doda（デューダ）のまとめでは、22 年 12 月の IT・通信エンジニアの中途採用求人倍率は 12.09 倍。全体（2.54 倍）を大きく上回った。経済産業省は 30 年に日本で最大 79 万人の IT 人材が不足すると予測する。

新型コロナの感染拡大で非 IT 系業種も含め、ビジネス現場のデジタル化が加速した。リモートでの就業環境を整えるだけでなく、経営の中にデジタル化をどう位置づけ推進するのかといった課題が生まれた。

既存システムの安定稼働やメンテナンスといったコロナ禍前からの業務に加え、リモート化や各種セキュリティー強化に取り組む人材が必要になった。

経営管理の観点からは、中長期の IT 戦略投資の立案や社内の人材育成も求められるようになった。5 年以上の IT 実務の経験者や、経営を視野に入れ IT プロジェクトを進められるミドル層の需要が高まった。特に非 IT 系業種はこうした人材資源が IT 企業に比べ薄く、中途採用を活用せざるを得ない。

doda によると、22 年 10 〜 12 月期の IT エンジニアの新規求人のうち、年収が 700 万円以上の件数は 35％だった。19 年同期の 19％から 16 ポイント増えた。大浦征也 doda 編集長は「事業会社は経験者を採用できなければ競合に後れを取るとの意識がある」としたうえで「採用基準を下げるのではなく、賃金を引き上げてでも人材を獲得しようという動きが強まった」とみる。

中途採用をいかしデジタル関連業務の内製化を進めることで、コストの削減も期待できる。クレディセゾンは 19 年に IT エンジニアの中途採用を始め、20 年以降も即戦力となる 30 〜 40 代を中心に獲得を進める。同社は「内製した案件の開発コストは外部依頼の場合と比べ、21 〜 22 年度の累計で約 6 割削減できる見通し」と説明する。

（2023 年 2 月 8 日　日本経済新聞）

▶ 労働環境

職種：代理店営業　　年齢・性別：20代後半・男性

- 以前は年功序列の風潮でしたが，今は実力主義になってきています。
- 会社への利益貢献ができ，上司の目に留まれば出世は早いでしょう。
- 自己PRが上手で，失敗・成功に関わらず原因分析できることが重要。
- 上司の目に留まらなければ，芽が出ないまま転職する人も。

職種：システムエンジニア　　年齢・性別：20代後半・男性

- 転勤が本当に多く，それは女性も例外ではありません。
- 入社時に「総合職は転勤があるが大丈夫か？」と確認されます。
- 3〜7年で異動になりますが，その都度転勤の可能性があります。
- 家庭を持っている人や家を持っている人は単身赴任になることも。

職種：法人営業　　年齢・性別：30代前半・男性

- 残業は月に20時間程度で，ワークライフバランスがとりやすいです。
- 休日出勤はほとんどなく，1年に数回あるかどうかです。
- 有給休暇はしっかりと取れるので，休暇の計画は立てやすいです。
- 子どもの各種行事に積極的に参加している人も周りに多くいます。

職種：営業アシスタント　　年齢・性別：20代前半・女性

- 全体的にかなり風通しの良い職場です。
- 飲み会や遊びの計画が多く，社員同士の仲はとても良いです。
- 社員の年齢層は比較的若めで，イベント好きな人が多い印象です。
- 東京本社の場合，ワンフロアになっており全体が見渡せる作りです。

▶福利厚生

職種：代理店営業　　年齢・性別：20代後半・男性

・独身のうちは社宅（寮）に入ることができます。
・社宅は多少年数が経っていますが，きれいな物が多いです。
・家賃もかなり安くて，住宅補助についてはかなり満足できます。
・住宅補助以外にも，保養施設や通勤補助は非常に充実しています。

職種：法人営業　　年齢・性別：20代前半・男性

・多くの企業のスポンサーのため，各種チケットをもらえたりします。
・某有名遊園地の割引券も手に入ります。
・住居手当，育児休暇など福利厚生全般はかなり充実しています。
・通常の健康診断以外にも人間ドックを無料で受けることができます。

職種：マーケティング　　年齢・性別：20代後半・男性

・各種福利厚生は充実しており，なかでも住宅補助は手厚いです。
・社宅は借り上げで月1～2万円で，家賃10万以上の物件に住めます。
・社宅住まいの場合，年収に換算すると年100万弱の手当となります。
・健康診断・人間ドック，フィットネスなども利用できます。

職種：ネットワーク設計・構築　　年齢・性別：30代後半・男性

・福利厚生は充実しており，有給休暇は2年目から年20日もらえます。
・夏季休暇は5日，年末年始は6日の休暇が付与されます。
・労働組合が強いため，サービス残業はなく，残業代は全額出ます。
・残業時間は，職場にもよりますが，月20～30時間程度かと思います。

▶仕事のやりがい

職種：営業マネージャー　　年齢・性別：40代後半・男性

・大規模な通信インフラの構築や保守に力を入れています。
・通信業界の技術進歩は目覚ましいものがあり，夢があります。
・数年後にどんなサービスができるか予想できない面白さがあります。
・人々の日常生活に欠かせないものに携われるやりがいがあります。

職種：販促企画・営業企画　　年齢・性別：20代後半・男性

・企画部門では若手でもやりがいのある大きな仕事を任されます。
・関わる部門や担当が多岐にわたる場合，調整が大変なことも。
・事務系社員は2～3年毎にジョブローテーションがあります。
・常に自身のキャリアパスをしっかり考えておくことが重要です。

職種：法人営業　　年齢・性別：30代前半・男性

・やった分だけ成果としてあらわれるところが面白いです。
・チームプレイの難しさはありますが，勉強になることが多いです。
・自分個人で考える部分とチームで動くところのバランスが大切。
・お客様に革新的な製品を常に提案できるのは素晴らしいと思います。

職種：経営企画　　年齢・性別：20代前半・男性

・良くも悪くも完全に社長トップダウンの会社です。
・会社の成長度に関しては日本随一だと思います。
・日々学ぶことが多く，熱意をもって取り組めば得るものは大きいです。
・驚くぐらい優秀な人に出会えることがあり，非常に刺激になります。

▶ ブラック？ホワイト？

職種：ネットワークエンジニア　　年齢・性別：30代後半・男性

- ・会社全体のコミュニケーションが弱く，情報共有がされにくいです。
- ・会社のどこの部署が何を行っているかわかりません。
- ・分野が違う情報は同期などのツテを頼って芋づる式に探す有様です。
- ・製品不具合情報等の横展開もほとんどなく，非常に効率が悪いです。

職種：代理店営業　　年齢・性別：20代後半・男性

- ・殿様商売と世間では言われていますが，まさにその通り。
- ・過去の遺産を食いつぶしているような経営方針で不安になります。
- ・消費者の声はほぼ届かず，上からの声だけ受け入れている感じです。
- ・40代後半の上層部はかなりの保守派で，時代の流れに抗っています。

職種：プロジェクトリーダー　　年齢・性別：30代前半・男性

- ・裁量労働制なので，残業代はありません。
- ・みなし労働時間は，月35時間残業相当の専門職手当が支払われますが，その範囲で業務が収まるわけがなく，長時間の残業が発生します。
- ・残業前提のプロジェクト計画で黒字を目論む企業体質は健在です。

職種：システムエンジニア　　年齢・性別：20代後半・男性

- ・裁量労働制が導入されてからは残業が常態化しています。
- ・定時で帰ろうものなら「あれ？　何か用事？」と言われます。
- ・以前は45時間以上残業する際は申請が必要なほどでしたが，裁量労働制導入後は残業が75時間を越えても何も言われません。

▶女性の働きやすさ

職種：代理店営業　　年齢・性別：30代前半・男性

- 女性の労働環境がかなり整っている会社だと思います。
- 出産時に一旦休み，復帰してくるケースは多いです。
- 復帰後も時間短縮勤務ができるため，退職する女性は少ないです。
- 会社側は女性の活用について，今後も更に取り組んでいくようです。

職種：システムエンジニア　　年齢・性別：20代前半・男性

- 住宅手当など，既婚者が働きやすい環境づくりに力を入れています。
- 産休・育休など社内の既婚者はほとんど活用されているようですが，
  実力主義という点はどうしてもあるので覚悟は必要です。
- 産休・育休で仕事ができなくなる人は，部署移動や給与にも影響。

職種：社内SE　　年齢・性別：20代後半・女性

- 産休，育休を使う人も多く，女性にはとても良い環境だと思います。
- 外部講師を招き，女性の環境向上のためのセミナーなどもあります。
- 会社として女性の待遇にとても力を入れているのを感じます。
- 年配の上司によっては，差別的な見方の方もまだ若干いますが。

職種：システムエンジニア　　年齢・性別：20代後半・女性

- 課長，部長，統括部長，事業部長に，それぞれ女性が就いています。
- 育児休暇制度が整っていて，復帰して働く女性が年々増えています。
- 時短勤務になるため男性に比べて出世は遅くなるようです。
- 子育てをしながら管理職に昇進できる環境は整っています。

▶ 今後の展望

職種：営業　　年齢・性別：30代前半・男性

・国内市場は飽和状態のため，海外へ行くしかないと思いますが，経営陣に難があるためグローバル進出は難しいかもしれません。
・アジアを中心に市場開拓していますが，先行きは不透明です。
・金融事業は好調のため，引き続き当社の主軸となるでしょう。

職種：サービス企画　　年齢・性別：20代後半・男性

・事業規模が非常に大きく，現在は非常に安定しています。
・国内に閉じた事業内容なので，今後の伸びしろは微妙かと。
・海外進出の計画もあるようですが，目立った動きはまだありません。
・業種的にグローバル展開の意義はあまりないのかもしれません。

職種：新規事業・事業開発　　年齢・性別：20代後半・男性

・携帯事業以外の新規事業を模索している段階です。
・OTTプレーヤーと言われる企業に勝るサービスの創出に難航中。
・今までの成功体験や仕事のやり方からの脱却がカギだと思います。
・グローバル化にも程遠く，海外志向の人にはオススメできません。

職種：営業　　年齢・性別：20代後半・男性

・安定した収益基盤があり，しばらくは安定して推移すると思います。
・通信をベースに，周辺の事業領域が拡大する余地もあると思います。
・今後は海外展開（特にアジア圏）を積極的に進めていくようです。
・日本市場が今後縮小していく中，海外展開は大きなカギになります。

情報通信・IT業界　国内企業リスト（一部抜粋）

会社名	本社住所
NEC ネッツエスアイ株式会社	文京区後楽 2-6-1 飯田橋ファーストタワー
株式会社システナ	東京都港区海岸 1 丁目 2 番 20 号 汐留ビルディング 14F
デジタルアーツ株式会社	東京都千代田区大手町 1-5-1 大手町ファーストスクエア ウエストタワー 14F
新日鉄住金ソリューションズ 株式会社	東京都中央区新川二丁目 20-15
株式会社コア	東京都世田谷区三軒茶屋一丁目 22 番 3 号
株式会社ソフトクリエイト ホールディングス	東京都渋谷区渋谷 2 丁目 15 番 1 号 渋谷クロスタワー
IT ホールディングス株式会社	東京都新宿区西新宿 8-17-1 住友不動産新宿グランド タワー 21F（総合受付 14F）
ネオス株式会社	東京都千代田区神田須田町 1-23-1 住友不動産神田ビル 2 号館 10F
株式会社電算システム	岐阜県岐阜市日置江 1 丁目 58 番地
グリー株式会社	東京都港区六本木 6-10-1 六本木ヒルズ森タワー
コーエーテクモ ホールディングス株式会社	神奈川県横浜市港北区箕輪町 1 丁目 18 番 12 号
株式会社三菱総合研究所	東京都千代田区永田町二丁目 10 番 3 号
株式会社ボルテージ	東京都渋谷区恵比寿 4-20-3　恵比寿ガーデンプレイス タワー 28 階
株式会社 電算	長野県長野市鶴賀七瀬中町 276-6
株式会社 ヒト・コミュニケーションズ	東京都豊島区東池袋 1-9-6
株式会社ブレインパッド	東京都港区白金台 3-2-10 白金台ビル
KLab 株式会社	東京都港区六本木 6-10-1 六本木ヒルズ森タワー
ポールトゥウィン・ピットクルー ホールディングス株式会社	東京都新宿区西新宿 2-4-1　新宿 NS ビル 11F
株式会社イーブック イニシアティブジャパン	東京都千代田区神田駿河台 2-9 KDX 御茶ノ水ビル 7F
株式会社　ネクソン	東京都中央区新川二丁目 3 番 1 号
株式会社アイスタイル	東京都港区赤坂 1-12-32 号 アーク森ビル 34 階
株式会社 エムアップ	東京都渋谷区渋谷 2-12-19 東建インターナショナルビル本館 5 階

会社名	本社住所
株式会社エイチーム	名古屋市西区牛島町 6 番 1 号 名古屋ルーセントタワー 36F
株式会社ブロードリーフ	東京都品川区東品川 4-13-14 グラスキューブ品川 8F
株式会社ハーツユナイテッド グループ	東京都港区六本木六丁目 10 番 1 号 六本木ヒルズ森タワー 34 階
株式会社ドワンゴ	東京都中央区銀座 4-12-15 歌舞伎座タワー
株式会社ベリサーブ	東京都新宿区西新宿 6-24-1 西新宿三井ビル 14 階
株式会社マクロミル	東京都港区港南 2-16-1 品川イーストワンタワー 11F
株式会社ティーガイア	東京都渋谷区恵比寿 4-1-18
株式会社豆蔵ホールディングス	東京都新宿区西新宿 2-1-1 新宿三井ビルディング 34 階
テクマトリックス株式会社	東京都港区高輪 4 丁目 10 番 8 号 京急第 7 ビル
GMO ペイメントゲートウェイ 株式会社	東京都渋谷区道玄坂 1-14-6 渋谷ヒューマックスビル（受付 7 階）
株式会社ザッパラス	東京都渋谷区渋谷 2 丁目 12 番 19 号 東建インターナショナルビル
株式会社インターネット イニシアティブ	東京都千代田区神田神保町 1-105 神保町三井ビルディング
株式会社ビットアイル	東京都品川区東品川 2-5-5 HarborOne ビル 5F
株式会社 SRA ホールディングス	東京都豊島区南池袋 2-32-8
株式会社朝日ネット	東京都中央区銀座 4-12-15 歌舞伎座タワー 21 階
パナソニック インフォメーション システムズ株式会社	大阪府大阪市北区茶屋町 19 番 19 号
株式会社フェイス	京都市中京区烏丸通御池下る虎屋町 566-1 井門明治安田生命ビル
株式会社野村総合研究所	東京都千代田区丸の内 1-6-5　丸の内北口ビル
サイバネットシステム株式会社	東京都千代田区神田練塀町 3 番地 富士ソフトビル
株式会社インテージ ホールディングス	東京都千代田区神田練塀町 3 番地 インテージ秋葉原ビル
ソースネクスト株式会社	東京都港区虎ノ門 3-8-21　虎ノ門 33 森ビル 6 階
株式会社クレスコ	東京都港区港南 2-15-1 品川インターシティ A 棟 25 階〜 27 階
株式会社フジ・メディア・ ホールディングス	東京都港区台場二丁目 4 番 8 号
株式会社 オービック	東京都中央区京橋 2 丁目 4 番 15 号

会社名	本社住所
TDC ソフトウェア エンジニアリング株式会社	東京都渋谷区代々木 3-22-7 新宿文化クイントビル
ヤフー株式会社	東京都港区赤坂 9-7-1 ミッドタウン・タワー
トレンドマイクロ株式会社	東京都渋谷区代々木 2-1-1　新宿マインズタワー
日本オラクル株式会社	東京都港区北青山 2-5-8
株式会社アルファシステムズ	川崎市中原区上小田中 6 丁目 6 番 1 号
フューチャーアーキテクト 株式会社	東京都品川区大崎 1-2-2 アートヴィレッジ大崎セントラルタワー
株式会社シーエーシー	東京都中央区日本橋箱崎町 24 番 1 号
ソフトバンク・テクノロジー 株式会社	東京都新宿区西五軒町 13-1　飯田橋ビル 3 号館
株式会社トーセ	京都市下京区東洞院通四条下ル
株式会社オービックビジネス コンサルタント	東京都新宿区西新宿六丁目 8 番 1 号 住友不動産新宿オークタワー 32F
伊藤忠テクノソリューションズ 株式会社	東京都千代田区霞が関 3-2-5　霞が関ビル
株式会社アイティフォー	東京都千代田区一番町 21 番地 一番町東急ビル
株式会社 東計電算	神奈川県川崎市中原区市ノ坪 150
株式会社　エックスネット	東京都新宿区荒木町 13 番地 4　住友不動産四谷ビル 4 階
株式会社大塚商会	東京都千代田区飯田橋 2-18-4
サイボウズ株式会社	東京都文京区後楽 1-4-14 後楽森ビル 12F
ソフトブレーン株式会社	東京都中央区八重洲 2-3-1 住友信託銀行八重洲ビル 9 階
株式会社アグレックス	東京都新宿区西新宿 2 丁目 6 番 1 号 新宿住友ビル
株式会社電通国際情報サービス	東京都港区港南 2-17-1
株式会社 EM システムズ	大阪市淀川区宮原 1 丁目 6 番 1 号 新大阪ブリックビル
株式会社ウェザーニューズ	千葉県千葉市美浜区中瀬 1-3 幕張テクノガーデン
株式会社 CIJ	神奈川県横浜市西区平沼 1-2-24　横浜 NT ビル
ネットワンシステムズ株式会社	東京都千代田区丸の内二丁目 7 番 2 号　JP タワー
株式会社アルゴグラフィックス	東京都中央区日本橋箱崎町 5-14 アルゴ日本橋ビル
ソフトバンク株式会社	東京都港区東新橋 1-9-1

第**3**章

就職活動のはじめかた

入りたい会社は決まった。しかし「就職活動とはそもそ
も何をしていいのかわからない」「どんな流れで進むか
わからない」という声は意外と多い。ここでは就職活
動の一般的な流れや内容，対策について解説していく。

▶就職活動のスケジュール

3月	**4**月	**6**月

就職活動スタート

2025年卒の就活スケジュールは,経団連と政府を中心に議論され,2024年卒の採用選考スケジュールから概ね変更なしとされている。

エントリー受付・提出

OB・OG 訪問

企業の説明会には積極的に参加しよう。独自の企業研究だけでは見えてこなかった新たな情報を得る機会であるとともに,モチベーションアップにもつながる。また,説明会に参加した者だけに配布する資料もある。

合同企業説明会　　個別企業説明会

筆記試験・面接試験等始まる（3月〜）

内々定(大手企業

2月末までにやっておきたいこと

就職活動が本格化する前に，以下のことに取り組んでおこう。

◎自己分析　◎インターンシップ　◎筆記試験対策
◎業界研究・企業研究　◎学内就職ガイダンス

自分が本当にやりたいことはなにか，自分の能力を最大限に活かせる会社はどこか。自己分析と企業研究を重ね，それを文章などにして明確にしておき，面接時に最大限に活用できるようにしておこう。

8月　　　　　**10月**

中小企業採用本格化

者の数が採用予定数に満た
企業，1年を通して採用を継
ている企業，夏休み以降に採
動を実施企業（後期採用）は
活動を継続して行っている。
業でも後期採用を行っている
も，納得がいかなければ継続
就職活動を行うこともある。

中小企業の採用が本格化するのは大手企業より少し遅いこの時期から。HPなどで採用情報をつかむとともに，企業研究も怠らないようにしよう。

内々定とは10月1日以前に通知（電話等）されるもの。内定に関しては現在協定があり，10月1日以降に文書等にて通知される。

内々定（中小企業）　　　内定式（10月〜）

どんな人物が求められる？

多くの企業は，常識やコミュニケーション能力があり，社会のできごとに高い関心を持っている人物を求めている。これは「会社の一員として将来の企業発展に寄与してくれるか」という視点に基づく，もっとも普遍的な選考基準だ。もちろん，「自社の志望を真剣に考えているか」「自社の製品，サービスにどれだけの関心を向けているか」という熱意の部分も重要な要素になる。

理論編

就活ロールプレイ！

理論編 **STEP 1** 就職活動のスタート

内定までの道のりは，大きく分けると以下のようになる。

自 己 分 析

↓

企 業 研 究

↓

エントリーシート・筆記試験・面接

↓

内 定

01 まず自己分析からスタート

　就職活動とは，「企業に自分をPRすること」。自分自身の興味，価値観に加えて，強み・能力という要素が加わって，初めて企業側に「自分が働いたら，こういうポイントで貢献できる」と自分自身を売り込むことができるようになる。

■自分の来た道を振り返る

　自己分析をするための第一歩は，「振り返ってみる」こと。

　小学校，中学校など自分のいた"場"ごとに何をしたか（部活動など），何を学んだか，交友関係はどうだったか，興味のあったこと，覚えている印象的なことを書き出してみよう。

■テストを受けてみる

　"自分では気がついていない能力"を客観的に検査してもらうことで，自分に向いている職種が見えてくる。下記の5種類が代表的なものだ。

①職業適性検査　　②知能検査　　③性格検査

④職業興味検査　　⑤創造性検査

■先輩や専門家に相談してみる

　就職活動をするうえでは，"いかに他人に自分のことをわかってもらうか"が重要なポイント。他者の視点で自分を分析してもらうことで，より客観的な視点で自己PRができるようになる。

自己分析の流れ

❑過去の経験を書いてみる

❑現在の自己イメージを明確にする…行動，考え方，好きなものなど。

❑他人から見た自分を明確にする

❑将来の自分を明確にしてみる…どのような生活をおくっていたいか。期待，夢，願望。なりたい自分はどういうものか，掘り下げて考える。→自己分析結果を，志望動機につなげていく。

01 企業の絞り込み

　志望企業の絞り込みについての考え方は大きく分けて2つある。

　第1は，同一業種の中で1次候補，2次候補……と絞り込んでいく方法。

　第2は，業種を1次，2次，3次候補と変えながら，それぞれに2社程度ずつ絞り込んでいく方法。

　第1の方法では，志望する同一業種の中で，一流企業，中堅企業，中小企業，縁故などがある歯止めの会社……というふうに絞り込んでいく。

　第2の方法では，自分が最も望んでいる業種，将来好きになれそうな業種，発展性のある業種，安定性のある業種，現在好況な業種……というふうに区別して，それぞれに適当な会社を絞り込んでいく。

02 情報の収集場所

・キャリアセンター

・新聞

・インターネット

・企業情報

『就職四季報』（東洋経済新報社刊），『日経会社情報』（日本経済新聞社刊）などの企業情報。この種の資料は本来"株式市場"についての資料だが，その時期の景気動向を含めた情報を仕入れることができる。

・経済雑誌

『ダイヤモンド』（ダイヤモンド社刊）や『東洋経済』（東洋経済新報社刊），『エコノミスト』（毎日新聞出版刊）など。

・OB・OG／社会人

03 志望企業をチェック

①成長力

まず"売上高"。次に資本力の問題や利益率などの比率。いくら資本金があっても，それを上回る膨大な借金を抱えていて，いくら稼いでも利払いに追われまくるようでは，成長できないし，安定できない。

成長力を見るには自己資本率を割り出してみる。自己資本を総資本で割って100を掛けると自己資本率がパーセントで出てくる。自己資本の比率が高いほうが成長力もあり安定度も高い。

利益率は純利益を売上高で割って100を掛ける。利益率が高ければ，企業はどんどん成長するし，社員の待遇も上昇する。利益率が低いということは，仕事がどんなに忙しくても利益にはつながらないということになる。

②技術力

技術力は，短期的な見方と長期的な展望が必要になってくる。研究部門が適切な規模か，大学など企業外の研究部門との連絡があるか，先端技術の分野で開発を続けているかどうかなど。

③経営者と経営形態

会社が将来，どのような発展をするか，または衰退するかは経営者の経営哲学，経営方針によるところが大きい。社長の経歴を知ることも必要。創始者の息子，孫といった親族が社長をしているのか，サラリーマン社長か，官庁などからの天下りかということも大切なチェックポイント。

④社風

社風というのは先輩社員から後輩社員に伝えられ，教えられるもの。社風もいろいろな面から必ずチェックしよう。

⑤安定性

企業が成長しているか，安定しているかということは車の両輪。どちらか片方の回転が遅くなっても企業はバランスを失う。安定し，しかも成長する。これが企業として最も理想とするところ。

⑥待遇

初任給だけを考えてみても，それが手取りなのか，基本給なのか。基本給というのはボーナスから退職金，定期昇給の金額にまで響いてくる。また，待遇というのは給与ばかりではなく，福利厚生施設でも大きな差が出てくる。

■そのほかの会社比較の基準

1. ゆとり度

　休暇制度は，企業によって独自のものを設定しているところもある。「長期休暇制度」といったものなどの制定状況と，また実際に取得できているかどうかも調べたい。

2. 独身寮や住宅設備

　最近では，社宅は廃止し，住宅手当を多く出すという流れもある。寮や社宅についての福利厚生は調べておく。

3. オフィス環境

　会社に根づいた慣習や社員に対する考え方が，意外にオフィスの設備やレイアウトに表れている場合がある。

　たとえば，個人の専有スペースの広さや区切り方，パソコンなどOA機器の設置状況，上司と部下の机の配置など，会社によってずいぶん違うもの。玄関ロビーや受付の様子を観察するだけでも，会社ごとのカラーや特徴がどこかに見えてくる。

4. 勤務地

　転勤はイヤ，どうしても特定の地域で生活していきたい。そんな声に応えて，最近は流通業などを中心に，勤務地限定の雇用制度を取り入れる企業も増えている。

---

column　初任給では分からない本当の給与

　会社の給与水準には「初任給」「平均給与」「平均ボーナス」「モデル給与」など，判断材料となるいくつかのデータがある。これらのデータからその会社の給料の優劣を判断するのは非常に難しい。

　たとえば中小企業の中には，初任給が飛び抜けて高い会社がときどきある。しかしその後の昇給率は大きくないのがほとんど。

　一方，大手企業の初任給は業種間や企業間の差が小さく，ほとんど横並びと言っていい。そこで，「平均給与」や「平均ボーナス」などで将来の予測をするわけだが，これは一応の目安とはなるが，個人差があるので正確とは言えない。

■**決定版「就職ノート」はこう作る**

1冊にすべて書き込みたいという人には，ルーズリーフ形式のノートがお勧め。会社研究，スケジュール，時事用語，OB／OG訪問，切り抜きなどの項目を作りインデックスをつける。

カレンダー，説明会，試験などのスケジュール表を貼り，とくに会社別の説明会，面談，書類提出，試験の日程がひと目で分かる表なども作っておく。そして見開き2ページで1社を載せ，左ページに企業研究，右ページには志望理由，自己PRなどを整理する。

就職ノートの主なチェック項目

❏企業研究…資本金，業務内容，従業員数など基礎的な会社概要から，過去の採用状況，業務報告などのデータ

❏採用試験メモ…日程，条件，提出書類，採用方法，試験の傾向など

❏店舗・営業所見学メモ…流通関係，銀行などの場合は，客として訪問し，商品（値段，使用価値，ユーザーへの配慮），店員（接客態度，商品知識，熱意，親切度），店舗（ショーケース，陳列の工夫，店内の清潔さ）などの面をチェック

❏OB／OG訪問メモ…OB／OGの名前，連絡先，訪問日時，面談場所，質疑応答のポイント，印象など

❏会社訪問メモ…連絡先，人事担当者名，会社までの交通機関，最寄り駅からの地図，訪問のときに得た情報や印象，訪問にいたるまでの経過も記入

　「OB／OG訪問」は，実際は採用予備選考開始。まず，OB／OG訪問を希望したら，大学のキャリアセンター，教授などの紹介で，志望企業に勤める先輩の手がかりをつかむ。もちろん直接電話なり手紙で，自分の意向を会社側に伝えてもいい。自分の在籍大学，学部をはっきり言って，「先輩を紹介していただけないでしょうか」と依頼しよう。

参考

OB／OG訪問時の質問リスト例

● **採用について**
- ・成績と面接の比重
- ・採用までのプロセス（日程）
- ・面接は何回あるか
- ・面接で質問される事項　etc.
- ・評価のポイント
- ・筆記試験の傾向と対策
- ・コネの効力はどうか

● **仕事について**
- ・内容（入社10年，20年のOB/OG）
- ・希望職種につけるのか
- ・残業，休日出勤，出張など
- ・新入社員の仕事
- ・やりがいはどうか
- ・同業他社と比較してどうか　etc.

● **社風について**
- ・社内のムード
- ・仕事のさせ方　etc.
- ・上司や同僚との関係

● **待遇について**
- ・給与について
- ・昇進のスピード
- ・福利厚生の状態
- ・離職率について　etc.

インターンシップとは，学生向けに企業が用意している「就業体験」プログラム。ここで学生はさまざまな企業の実態をより深く知ることができ，その後の就職活動において自己分析，業界研究，職種選びなどに活かすことができる。また企業側にとっても有能な学生を発掘できるというメリットがあるため，導入する企業は増えている。

インターンシップ参加が採用につながっているケースもあるため，たくさん参加してみよう。

column　コネを利用するのも１つの手段？

コネを活用できるのは，以下のような場合である。

・企業と大学に何らかの「連絡」がある場合

企業の新卒採用の場合，特定校・指定校が決められていることもある。企業側が過去の実績などに基づいて決めており，大学の力が大きくものをいう。

とくに理工系では，指導教授や研究室と企業との連絡が密接な場合が多く，教授の推薦が有利であることは言うまでもない。同じ大学出身の先輩とのコネも，この部類に区分できる。

・志望企業と「関係」ある人と関係がある場合

一般的に言えば，志望企業の取り引き先関係からの紹介というのが一番多い。ただし，年間億単位の実績が必要で，しかも部長・役員以上につながっていなければコネがあるとは言えない。

・志望企業と何らかの「親しい関係」がある場合

志望企業に勤務したりアルバイトをしていたことがあるという場合。インターンシップもここに分類される。職場にも馴染みがあり人間関係もできているので，就職に際してきわめて有利。

・志望会社に関係する人と「縁故」がある場合

縁故を「血縁関係」とした場合，日本企業ではこのコネはかなり有効なところもある。ただし，血縁者が同じ会社にいるというのは不都合なことも多いので，どの企業も慎重。

1. 受付の様子

受付事務がテキパキとしていて，分かりやすいかどうか。社員の態度が親切で誠意が伝わってくるかどうか。

こういった受付の様子からでも，その会社の社員教育の程度や，新入社員採用に対する熱意とか期待を推し測ることができる。

2. 控え室の様子

控え室が2カ所以上あって，国立大学と私立大学の訪問者とが，別々に案内されているようなことはないか。また，面談の順番を意図的に変えているようなことはないか。これはよくある例で，すでに大半は内定しているということを意味する場合が多い。

3. 社内の雰囲気

社員の話し方，その内容を耳にはさむだけでも，社風が伝わってくる。

4. 面談の様子

何時間も待たせたあげくに，きわめて事務的に，しかも投げやりな質問しかしないような採用担当者である場合，この会社は人事が適正に行われていないということだから，一考したほうがよい。

 説明会での質問項目

・質問内容が抽象的でなく，具体性のあるものかどうか。
・質問内容は，現在の社会・経済・政治などの情況を踏まえた，
　大学生らしい高度で専門性のあるものか。
・質問をするのはいいが，「それでは，あなたの意見はどうか」と
　逆に聞かれたとき，自分なりの見解が述べられるものであるか。

提出する書類は6種類。①〜③が大学に申請する書類，④〜⑥が自分で書く書類だ。大学に申請する書類は一度に何枚も入手しておこう。

① 「卒業見込証明書」
② 「成績証明書」
③ 「健康診断書」
④ 「履歴書」
⑤ 「エントリーシート」
⑥ 「会社説明会アンケート」

■自分で書く書類は「自己PR」

第1次面接に進めるか否かは「自分で書く書類」の出来にかかっている。「履歴書」と「エントリーシート」は会社説明会に行く前に準備しておくもの。「会社説明会アンケート」は説明会の際に書き，その場で提出する書類だ。

01 履歴書とエントリーシートの違い

Webエントリーを受け付けている企業に資料請求をすると，資料と一緒に「エントリーシート」が送られてくるので，応募サイトのフォームやメールでエントリーシートを送付する。Webエントリーを行っていない企業には，ハガキやメールで資料請求をする必要があるが，「エントリーシート」は履歴書とは異なり，企業が設定した設問に対して回答するもの。すなわちこれが「1次試験」であり，これにパスをした人だけが会社説明会に呼ばれる。

02 記入の際の注意点

■字はていねいに

字を書くところから，その企業に対する"本気度"は測られている。

■誤字，脱字は厳禁

使用するのは，黒のインク。

■修正液使用は不可

■数字は算用数字

■自分の広告を作るつもりで書く

自分はこういう人間であり，何がしたいかということを簡潔に書く。メリットになることだけで良い。自分に損になるようなことを書く必要はない。

■「やる気」を示す具体的なエピソードを

「私はやる気があります」「私は根気があります」という抽象的な表現だけではNG。それを示すエピソードのようなものを書かなくては意味がない。

─Point─

> 自己紹介欄の項目はすべて「自己PR」。自分はこういう人間であることを印象づけ，それがさらに企業への「志望動機」につながっていくような書き方をする。

---

column　履歴書やエントリーシートは，共通でもいい？

「履歴書」や「エントリーシート」は企業によって書き分ける。業種はもちろん，同じ業界の企業であっても求めている人材が違うからだ。各書類は提出前にコピーを取り，さらに出した企業名を忘れずに書いておくことも大切だ。

写真	スナップ写真は不可。 スーツ着用で，胸から上の物を使用する。ポイントは「清潔感」。 氏名・大学名を裏書きしておく。
日付	郵送の場合は投函する日，持参する場合は持参日の日付を記入する。
生年月日	西暦は避ける。元号を省略せずに記入する。
氏名	戸籍上の漢字を使う。印鑑押印欄があれば忘れずに押す。
住所	フリガナ欄がカタカナであればカタカナで，平仮名であれば平仮名で記載する。
学歴	最初の行の中央部に「学□□歴」と2文字程度間隔を空けて，中学校卒業から大学（卒業・卒業見込み）まで記入する。 中途退学の場合は，理由を簡潔に記載する。留年は記入する必要はない。 職歴がなければ，最終学歴の一段下の行の右隅に，「以上」と記載する。
職歴	最終学歴の一段下の行の中央部に「職□□歴」と2文字程度間隔を空け記入する。 「株式会社」や「有限会社」など，所属部門を省略しないで記入する。 「同上」や「〃」で省略しない。 最終職歴の一段下の行の右隅に，「以上」と記載する。
資格・免許	4級以下は記載しない。学習中のものも記載して良い。 「普通自動車第一種運転免許」など，省略せずに記載する。
趣味・特技	具体的に（例：読書でもジャンルや好きな作家を）記入する。
志望理由	その企業の強みや良い所を見つけ出したうえで，「自分の得意な事」がどう活かせるかなどを考えぬいたものを記入する。
自己PR	応募企業の事業内容や職種にリンクするような，自分の経験やスキルなどを記入する。
本人希望欄	面接の連絡方法，希望職種・勤務地などを記入する。「特になし」や空白はNG。
家族構成	最初に世帯主を書き，次に配偶者，それから家族を祖父母，兄弟姉妹の順に。続柄は，本人から見た間柄。兄嫁は，義姉と書く。
健康状態	「良好」が一般的。

01 エントリーシートの目的

・応募者を，決められた採用予定者数に絞り込むこと
・面接時の資料にする

の2つ。

■知りたいのは職務遂行能力

採用担当者が学生を見る場合は，「こいつは与えられた仕事をこなせるかどう
か」という目で見ている。企業に必要とされているのは仕事をする能力なのだ。

Point

質問に忠実に，"自分がいかにその会社の求める人材に当てはまるか"を
丁寧に答えること。

02 効果的なエントリーシートの書き方

■情報を伝える書き方

課題をよく理解していることを相手に伝えるような気持ちで書く。

■文章力

大切なのは全体のバランスが取れているか。書く前に，何をどれくらいの字
数で収めるか計算しておく。

「起承転結」でいえば，「起」は，文章を起こす導入部分。「承」は，起を受け
て，その提起した問題に対して承認を求める部分。「転」は，自説を展開する
部分。もっともオリジナリティが要求される。「結」は，最後の締めの結論部分。
文章の構成・まとめる力で，総合的な能力が高いことをアピールする。

エントリーシートで求められるものは，「自己PR」「志望動機」「将来どうなりたいか（目指すこと）」の3つに大別される。

1.「自己PR」

自己分析にしたがって作成していく。重要なのは，「なぜそうしようと思ったか？」「○○をした結果，何が変わったのか？何を得たのか？」という"連続性"が分かるかどうかがポイント。

2.「志望動機」

自己PRと一貫性を保ち，業界志望理由と企業志望理由を差別化して表現するように心がける。志望する業界の強みと弱み，志望企業の強みと弱みの把握は基本。

3.「将来の展望」

どんな社員を目指すのか，仕事へはどう臨もうと思っているか，目標は何か，などが問われる。仕事内容を事前に把握しておくだけでなく，5年後の自分，10年後の自分など，具体的な将来像を描いておくことが大切。

表現力，理解力のチェックポイント

- ❏ 文法，語法が正しいかどうか
- ❏ 論旨が論理的で一貫しているかどうか
- ❏ 1センテンスが簡潔かどうか
- ❏ 表現が統一されているかどうか（「です，ます」調か「だ，である」調か）

01 個人面接

●自由面接法

面接官と受験者のキャラクターやその場の雰囲気，質問と応答の進行具合などによって雑談形式で自由に進められる。

●標準面接法

自由面接法とは逆に，質問内容や評価の基準などがあらかじめ決まっている。実際には自由面接法と併用で，おおまかな質問事項や判定基準，評価ポイントを決めておき，質疑応答の内容上の制限を緩和しておくスタイルが一般的。1次面接などでは標準面接法をとり，2次以降で自由面接法をとる企業も多い。

●非指示面接法

受験者に自由に発言してもらい，面接官は話題を引き出したりするときなど，最小限の質問をするという方法。

●圧迫面接法

わざと受験者の精神状態を緊張させ，受験者がどのような応答をするかを観察し，判定する。受験者は，冷静に対応することが肝心。

02 集団面接

面接の方法は個人面接と大差ないが，面接官がひとつの質問をして，受験者が順にそれに答えるという方法と，面接官が司会役になって，座談会のような形式で進める方法とがある。

座談会のようなスタイルでの面接は，なるべく受験者全員が関心をもっているような話題を取りあげ，意見を述べさせるという方法。この際，司会役以外の面接官は一言も発言せず，判定・評価に専念する。

　グループディスカッション（以下，GD）の時間は30〜60分程度，1グループの人数は5〜10人程度で，司会は面接官が行う場合や，時間を決めて学生が交替で行うことが多い。面接官は内容については特に指示することはなく，受験者がどのようにGDを進めるかを観察する。

　評価のポイントは，全体的には理解力，表現力，指導性，積極性，協調性など，個別的には性格，知識，適性などが観察される。

　GDの特色は，集団の中での個人ということで，受験者の能力がどの程度のものであるか，また，どのようなことに向いているかを判定できること。受験者は，グループの中における自分の位置を面接官に印象づけることが大切だ。

グループディスカッション方式の面接におけるチェックポイント

- ☐ 全体の中で適切な論点を提供できているかどうか。
- ☐ 問題解決に役立つ知識を持っているか，また提供できているかどうか。
- ☐ もつれた議論を解きほぐし，的はずれの議論を元に引き戻す努力をしているかどうか。
- ☐ グループ全体としての目標をいつも考えているかどうか。
- ☐ 感情的な対立や攻撃をしかけているようなことはないか。
- ☐ 他人の意見に耳を傾け，よい意見には賛意を表し，それを全体に推し広げようという寛大さがあるかどうか。
- ☐ 議論の流れを自然にリードするような主導性を持っているかどうか。
- ☐ 提出した意見が議論の進行に大きな影響を与えているかどうか。

04 面接時の注意点

●控え室

　控え室には，指定された時間の15分前には入室しよう。そこで担当の係から，面接に際しての注意点や手順の説明が行われるので，疑問点は積極的に聞くようにし，心おきなく面接にのぞめるようにしておこう。会社によっては，所定のカードに必要事項を書き込ませたり，お互いに自己紹介をさせたりする場合もある。また，この控え室での行動も細かくチェックして，合否の資料にしている会社もある。

●入室・面接開始

　係員がドアの開閉をしてくれる場合もあるが，それ以外は軽くノックして入室し，必ずドアを閉める。そして入口近くで軽く一礼し，面接官か補助員の「どうぞ」という指示で正面の席に進み，ここで再び一礼をする。そして，学校名と氏名を名のって静かに着席する。着席時は，軽く椅子にかけるようにする。

●面接終了と退室

　面接の終了が告げられたら，椅子から立ち上がって一礼し，椅子をもとに戻して，面接官または係員の指示を受けて退室する。

　その際も，ドアの前で面接官のほうを向いて頭を下げ，静かにドアを開閉する。控え室に戻ったら，係員の指示を受けて退社する。

05 面接試験の評定基準

●協調性

　企業という「集団」では，他人との協調性が特に重視される。

　感情や態度が円満で調和がとれていること，極端に好悪の情が激しくなく，物事の見方や考え方が穏健で中立であることなど，職場での人間関係を円滑に進めていくことのできる人物かどうかが評価される。

●話し方

　外観印象的には，言語の明瞭さや応答の態度そのものがチェックされる。小さな声で自信のない発言，乱暴野卑な発言は減点になる。

　考えをまとめたら，言葉を選んで話すくらいの余裕をもって，真剣に応答しようとする姿勢が重視される。軽率な応答をしたり，まして発言に矛盾を指摘されるような事態は極力避け，もしそのような状況になりそうなときは，自分の非を認めてはっきりと謝るような態度を示すべき。

●好感度

　実社会においては，外観による第一印象が，人間関係や取引に大きく影響を及ぼす。

　「フレッシュな爽やかさ」に加え，入社志望など，自分の意思や希望をより明確にすることで，強い信念に裏づけられた姿勢をアピールできるよう努力したい。

●判断力

何を質問されているのか，何を答えようとしているのか，常に冷静に判断していく必要がある。

●表現力

話に筋道が通り理路整然としているか，言いたいことが簡潔に言えるか，話し方に抑揚があり聞く者に感銘を与えるか，用語が適切でボキャブラリーが豊富かどうか。

●積極性

活動意欲があり，研究心旺盛であること，進んで物事に取り組み，創造的に解決しようとする意欲が感じられること，話し方にファイトや情熱が感じられること，など。

●計画性

見通しをもって順序よく合理的に仕事をする性格かどうか，またその能力の有無。企業の将来性のなかに，自分の将来をどうかみ合わせていこうとしているか，現在の自分を出発点として，何を考え，どんな仕事をしたいのか。

●安定性

情緒の安定は，社会生活に欠くことのできない要素。自分自身をよく知っているか，他の人に流されない信念をもっているか。

●誠実性

自分に対して忠実であろうとしているか，物事に対してどれだけ誠実な考え方をしているか。

●社会性

企業は集団活動なので，自分の考えに固執したり，不平不満が多い性格は向かない。柔軟で適応性があるかどうか。

清潔感や明朗さ，若々しさといった外観面も重視される。

06 面接試験の質問内容

1. 志望動機

受験先の概要や事業内容はしっかりと頭の中に入れておく。また，その企業の企業活動の社会的意義と，自分自身の志望動機との関連を明確にしておく。「安定している」「知名度がある」「将来性がある」といった利己的な動機，「自

分の性格に合っている」というような，あいまいな動機では説得力がない。安定性や将来性は，具体的にどのような企業努力によって支えられているのかという考察も必要だし，それに対する受験者自身の評価や共感なども問われる。

①どうしてその業種なのか

②どうしてその企業なのか

③どうしてその職種なのか

以上の①〜③と，自分の性格や資質，専門などとの関連性を説明できるようにしておく。

自分がどうしてその会社を選んだのか，どこに大きな魅力を感じたのかを，できるだけ具体的に，情熱をもって語ることが重要。自分の長所と仕事の適性を結びつけてアピールし，仕事のやりがいや仕事に対する興味を述べるのもよい。

■複数の企業を受験していることは言ってもいい？

同じ職種，同じ業種で何社かかけもちしている場合，正直に答えてもかまわない。しかし，「第一志望はどこですか」というような質問に対して，正直に答えるべきかどうかというと，やはりこれは疑問がある。どんな会社でも，他社を第一志望にあげられれば，やはり愉快には思わない。

また，職種や業種の異なる会社をいくつか受験する場合も同様で，極端に性格の違う会社をあげれば，その矛盾を突かれるのは必至だ。

2. 仕事に対する意識・職業観

採用試験の段階では，次年度の配属予定が具体的に固まっていない会社もかなりある。具体的に職種や部署などを細分化して募集している場合は別だが，そうでない場合は，希望職種をあまり狭く限定しないほうが賢明。どの業界においても，採用後，新入社員には，研修としてその会社の各セクションをひと通り経験させる企業は珍しくない。そのうえで，具体的な配属計画を検討するのだ。

大切なことは，就職や職業というものを，自分自身の生き方の中にどう位置づけるか，また，自分の生活の中で仕事とはどういう役割を果たすのかを考えてみること。つまり自分の能力を活かしたい，社会に貢献したい，自分の存在価値を社会的に実現してみたい，ある分野で何か自分の力を試してみたい……，などの場合を考え，それを自分自身の人生観，志望職種や業種などとの関係を考えて組み立ててみる。自分の人生観をもとに，それを自分の言葉で表現できるようにすることが大切。

3. 自己紹介・自己PR

性格そのものを簡単に変えたり，欠点を克服したりすることは実際には難しいが，“仕方がない”という姿勢を見せることは禁物で，どんなささいなことでも，努力している面をアピールする。また一般的にいって，専門職を除けば，就職時になんらかの資格や技能を要求する企業は少ない。

ただ，資格をもっていれば採用に有利とは限らないが，専門性を要する業種では考慮の対象とされるものもある。たとえば英検，簿記など。

企業が学生に要求しているのは，4年間の勉学を重ねた学生が，どのように仕事に有用であるかということで，学生の知識や学問そのものを聞くのが目的ではない。あくまで，社会人予備軍としての謙虚さと素直さを失わないようにする。

知識や学力よりも，その人の人間性，ビジネスマンとしての可能性を重視するからこそ，面接担当者は，学生生活全般について尋ねることで，書類だけでは分からない人間性を探ろうとする。

何かうち込んだものや思い出に残る経験などは，その人の人間的な成長になんらかの作用を及ぼしているものだ。どんな経験であっても，そこから受けた印象や教訓などは，明確に答えられるようにしておきたい。

4. 一般常識・時事問題

一般常識・時事問題については筆記試験の分野に属するが，面接でこうしたテーマがもち出されることも珍しくない。受験者がどれだけ社会問題に関心をもっているか，一般常識をもっているか，また物事の見方・考え方に偏りがないかなどを判定する。知識や教養だけではなく，一問一答の応答を通じて，その人の性格や適応能力まで判断されることになる。

07 面接に向けての事前準備

■面接試験1カ月前までには万全の準備をととのえる

●志望会社・職種の研究

新聞の経済欄や経済雑誌などのほか，会社年鑑，株式情報など書物による研究をしたり，インターネットにあがっている企業情報や，検索によりさまざまな角度から調べる。すでにその会社へ就職している先輩や知人に会って知識を得たり，大学のキャリアセンターへ情報を求めるなどして総合的に判断する。

■専攻科目の知識・卒論のテーマなどの整理

大学時代にどれだけ勉強してきたか，専攻科目や卒論のテーマなどを整理しておく。

■時事問題に対する準備

毎日欠かさず新聞を読む。志望する企業の話題は，就職ノートに整理するなどもアリ。

面接当日の必需品

- ❏必要書類（履歴書，卒業見込証明書，成績証明書，健康診断書，推薦状）
- ❏学生証
- ❏就職ノート（志望企業ファイル）
- ❏印鑑，朱肉
- ❏筆記用具（万年筆，ボールペン，サインペン，シャープペンなど）
- ❏手帳，ノート
- ❏地図（訪問先までの交通機関などをチェックしておく）
- ❏現金（小銭も用意しておく）
- ❏腕時計（オーソドックスなデザインのもの）
- ❏ハンカチ，ティッシュペーパー
- ❏くし，鏡（女性は化粧品セット）
- ❏シューズクリーナー
- ❏ストッキング
- ❏折りたたみ傘（天気予報をチェックしておく）
- ❏携帯電話，充電器

■一般常識試験

> 社会人として企業活動を行ううえで最低限必要となる一般常識のほか，
> 英語，国語，社会(時事問題)，数学などの知識の程度を確認するもの。

　難易度はおおむね中学・高校の教科書レベル。一般常識の問題集を1冊やっておけばよいが，業界によっては専門分野が出題されることもあるため，必ず志望する企業のこれまでの試験内容は調べておく。

■一般常識試験の対策

・英語　慣れておくためにも，教科書を復習する，英字新聞を読むなど。

・国語　漢字，四字熟語，反対語，同音異義語，ことわざをチェック。

・時事問題　新聞や雑誌,テレビ,ネットニュースなどアンテナを張っておく。

■適性検査

　SPI（Synthetic Personality Inventory）試験（SPI3試験）とも呼ばれ，能力テストと性格テストを合わせたもの。

　能力テストでは国語能力を測る「言語問題」と，数学能力を測る「非言語問題」がある。言語的能力，知覚能力，数的能力のほか，思考・推理能力，記憶力，注意力などの問題で構成されている。

　性格テストは「はい」か「いいえ」で答えていく。仕事上の適性と性格の傾向などが一致しているかどうかをみる。

> SPIは職務への適応性を客観的にみるためのもの。

01 「論文」と「作文」

　一般に「論文」はあるテーマについて自分の意見を述べ，その論証をする文章で，必ず意見の主張とその論証という2つの部分で構成される。問題提起と論旨の展開，そして結論を書く。

　「作文」は，一般的には感想文に近いテーマ，たとえば「私の興味」「将来の夢」といったものがある。

　就職試験では「論文」と「作文」を合わせた"論作文"とでもいうようなものが出題されることが多い。

　論作文試験とは，「文章による面接」。テーマに書き手がどういう態度を持っているかを知ることが，出題の主な目的だ。受験者の知識・教養・人生観・社会観・職業観，そして将来への希望などが，どのような思考を経て，どう表現されているかによって，企業にとって，必要な人物かどうかを判断している。

　論作文の場合には，書き手の社会的意識や考え方に加え，「感銘を与える」働きが要求される。就職活動とは，企業に対し「自分をアピールすること」だということを常に念頭に置いておきたい。

Point

論文と作文の違い

	論　　文	作　　文
テーマ	学術的・社会的・国際的なテーマ。時事，経済問題など	個人的・主観的なテーマ。人生観，職業観など
表現	自分の意見や主張を明確に述べる。	自分の感想を述べる。
展開	四段型（起承転結）の展開が多い。	三段型（はじめに・本文・結び）の展開が多い。
文体	「だ調・である調」のスタイルが多い。	「です調・ます調」のスタイルが多い。

・テーマ

与えられた課題（テーマ）を，受験者はどのように理解しているか。

出題されたテーマの意義をよく考え，それに対する自分の意見や感情が，十分に整理されているかどうか。

・表現力

課題について本人が感じたり，考えたりしたことを，文章で的確に表しているか。

・字・用語・その他

かなづかいや送りがなが合っているか，文中で引用されている格言やことわざの類が使用法を間違えていないか，さらに誤字・脱字に至るまで，文章の基本的な力が受験者の人柄ともからんで厳密に判定される。

・オリジナリティ

魅力がある文章とは，オリジナリティを率直に出すこと。自分の感情や意見を，自分の言葉で表現する。

・生活態度

文章は，書き手の人格や人柄を映し出す。平素の社会的関心や他人との協調性，趣味や読書傾向はどうであるかといった，受験者の日常における生き方，生活態度がみられる。

・字の上手・下手

できるだけ読みやすい字を書く努力をする。また，制限字数より文章が長くなって原稿用紙の上下や左右の空欄に書き足したりすることは避ける。消しゴムで消す場合にも，丁寧に。

いずれの場合でも，表面的な文章力を問うているのではなく，受験者の人柄のほうを重視している。

マナーチェックリスト

就活において企業の人事担当は，面接試験やOG／OB訪問，そして面接試験において，あなたのマナーや言葉遣いといった，「常識力」をチェックしている。現在の自分はどのくらい「常識力」が身についているかをチェックリストで振りかえり，何ができて，何ができていないかを明確にしたうえで，今後の取り組みに生かしていこう。

評価基準　5：大変良い　4：やや良い　3：どちらともいえない　2：やや悪い　1：悪い

	項　目	評　価	メ　モ
挨拶	明るい笑顔と声で挨拶をしているか		
	相手を見て挨拶をしているか		
	相手より先に挨拶をしているか		
	お辞儀を伴った挨拶をしているか		
	直接の応対者でなくても挨拶をしているか		
表情	笑顔で応対しているか		
	表情に私的感情がでていないか		
	話しかけやすい表情をしているか		
	相手の話は真剣な顔で聞いているか		
身だしなみ	前髪は目にかかっていないか		
	髪型は乱れていないか／長い髪はまとめているか		
	髭の剃り残しはないか／化粧は健康的か		
	服は汚れていないか／清潔に手入れされているか		
	機能的で職業・立場に相応しい服装をしているか		
	華美なアクセサリーはつけていないか		
	爪は伸びていないか		
	靴下の色は適当か／ストッキングの色は自然な肌色か		
	靴の手入れは行き届いているか		
	ポケットに物を詰めすぎていないか		

	項　目	評　価	メ　モ
言葉遣い	専門用語を使わず，相手にわかる言葉で話しているか		
	状況や相手に相応しい敬語を正しく使っているか		
	相手の聞き取りやすい音量・速度で話しているか		
	語尾まで丁寧に話しているか		
	気になる言葉癖はないか		
動作	物の授受は両手で丁寧に実施しているか		
	案内・指し示し動作は適切か		
	キビキビとした動作を心がけているか		
心構え	勤務時間・指定時間の5分前には準備が完了しているか		
	心身ともに健康管理をしているか		
	仕事とプライベートの切替えができているか		

☑ 常に自己点検をするクセをつけよう

「人を表情やしぐさ，身だしなみなどの見かけで判断してはいけない」と一般にいわれている。確かに，人の個性は見かけだけではなく，内面においても見いだされるもの。しかし，私たちは人を第一印象である程度決めてしまう傾向がある。それが面接試験など初対面の場合であればなおさらだ。したがって，チェックリストにあるような挨拶，表情，身だしなみ等に注意して面接試験に臨むことはとても重要だ。ただ，これらは面接試験前にちょっと対策したからといって身につくようなものではない。付け焼き刃的な対策をして面接試験に臨んでも，面接官はあっという間に見抜いてしまう。日頃からチェックリストにあるような項目を意識しながら行動することが大事であり，そうすることで，最初はぎこちない挨拶や表情等も，その人の個性に応じたすばらしい所作へ変わっていくことができるのだ。さっそく，本日から実行してみよう。

面接試験において，印象を決定づける表情はとても大事。
どのようにすれば感じのいい表情ができるのか，ポイントを確認していこう。

明るく,温和で 柔らかな表情をつくろう

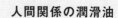

人間関係の潤滑油

表情に関しては，まずは豊かである
ということがベースになってくる。う
れしい表情，困った表情，驚いた表
情など，さまざまな気持ちを表現で
きるということが，人間関係を潤いの
あるものにしていく。

Point

　表情はコミュニケーションの大前提。相手に「いつでも話しかけてくださ
いね」という無言の言葉を発しているのが，就活に求められる表情だ。面接
官が安心してコミュニケーションをとろうと思ってくれる表情。それが，明
るく，温和で柔らかな表情となる。

カンタンTraining

Training 01

喜怒哀楽を表してみよう

- 人との出会いを楽しいと思うことが表情の基本
- 表情を豊かにする大前提は相手の気持ちに寄り添うこと
- 目元・口元だけでなく，眉の動きを意識することが大事

Training 02

表情筋のストレッチをしよう

- 表情筋は「ウイスキー」の発音によって鍛える
- 意識して毎日，取り組んでみよう
- 笑顔の共有によって相手との距離が縮まっていく

コミュニケーションは挨拶から始まり，その挨拶ひとつで印象は変わるもの。
ポイントを確認していこう。

丁寧にしっかりと
はっきり挨拶をしよう

人間関係の第一歩

挨拶は心を開いて，相手に近づくコ
ミュニケーションの第一歩。たかが
挨拶，されど挨拶の重要性をわきま
えて，きちんとした挨拶をしよう。形，
つまり"技"も大事だが，心をこめ
ることが最も重要だ。

Point

　挨拶はコミュニケーションの第一歩。相手が挨拶するのを待っているの
は望ましくない。挨拶の際のポイントは丁寧であることと，はっきり声に出
すことの2つ。丁寧な挨拶は，相手を大事にして迎えている気持ちの表れ
となる。はっきり声に出すことで，これもきちんと相手を迎えていることが
伝わる。また，相手もその応答として挨拶してくれることで，会ってすぐに
双方向のコミュニケーションが成立する。

カンタンTraining

3つのお辞儀をマスターしよう

① 会釈（15度）　　　　② 敬礼（30度）　　　　③ 最敬礼（45度）

- ・息を吸うことを意識してお辞儀をするとキレイな姿勢に
- ・目線は真下ではなく，床前方1.5m先ぐらいを見よう
- ・相手への敬意を忘れずに

対面時は言葉が先，お辞儀が後

- ・相手に体を向けて先に自ら挨拶をする
- ・挨拶時，相手とアイコンタクトを
  しっかり取ろう
- ・挨拶の後に，お辞儀をする。
  これを「語先後礼」という

コミュニケーションは「話す」よりも「聞く」ことといわれる。相手が話しやすい聞き方の，ポイントを確認しよう。

受容の立場で
傾聴しよう

相手の話を受けとめる

話を聞くときは，やや前に傾く姿勢をとる。表情と姿勢が合わさることにより，話し手の心が開き「あれも，これも話そう」という気持ちになっていく。また，「はい」と一度のお辞儀で頷くと相手の話を受け止めているというメッセージにつながる。

Point

　話をすること，話を聞いてもらうことは誰にとってもプレッシャーを伴うもの。そのため,「何でも話して良いんですよ」「何でも話を聞きますよ」「心配しなくて良いんですよ」という気持ちで聞くことが大切になる。その気持ちが聞く姿勢に表れれば，相手は安心して話してくれる。

いますぐデキる
カンタンTraining

Training **01**
頷きは一度で

- 相手が話した後に「はい」と
  一言発する
- 頷きすぎは逆効果

Training **02**
目線は自然に

- 鼻の付け根あたりを見ると
  自然な印象に
- 目を見つめすぎるのはNG

Training **03**
話の句読点で視線を移す

- 視線は話している人を見ることが基本
- 複数の人の話を聞くときは句読点を意識し，
  視線を振り分けることで聞く姿勢を表す

自分の意思を相手に明確に伝えるためには，話し方が重要となる。はっきりと
的確に話すためのポイントを確認しよう。

明るい発声を
心がけよう

ボリュームを意識して

話すときのポイントとしては，ボリュームを意識する
ことが挙げられる。会議室の一番奥にいる人に声が
届くように意識することで，声のボリュームはコント
ロールされていく。

Point

コミュニケーションとは「伝達」すること。どのようなことも，適当に伝
えるのではなく，伝えるべきことがきちんと相手に届くことが大切になる。
そのためには，はっきりと，分かりやすく，丁寧に，心を込めて話すこと。
言葉だけでなく，表情やジェスチャーを加えることも有効。

いますぐデキる
カンタン**Training**

Training **01**

腹式呼吸で発声練習

・「あえいうえおあお」と発声する
・腹式呼吸は，胸部をなるべく動かさずに，息を吸うときにお腹や腰が膨らむよう意識する呼吸法

Training **02**

早口言葉にチャレンジ

おあやや
母親に
お謝り

・「おあやや，母親に，お謝り」と早口で
・口がすぼまった「お」と口が開いた「あ」の発音に，変化をつけられるかがポイント

Training **03**

ジェスチャーを有効活用

・腰より上でジェスチャーをする
・体から離した位置に手をもっていく
・ジェスチャーをしたら戻すところをさだめておく

身だしなみはその人自身を表すもの。身だしなみの基本について，ポイントを確認しよう。

清潔感,さわやかさを醸し出せるようにしよう

プロの企業人にふさわしい身だしなみを

信頼感，安心感をもたれる身だしなみを考えよう。TPOに合わせた服装は，すなわち"礼"を表している。そして，身だしなみには，「清潔感」,「品のよさ」,「控え目である」という，3つのポイントがある。

Point

相手との心理的な距離や物理的な距離が遠ければ，コミュニケーションは成立しにくくなる。見た目が不潔では誰も近付いてこない。身だしなみが清潔であること，爽やかであることは相手との距離を縮めることにも繋がる。

いますぐデキる
カンタンTraining

Training 01

髪型，服装を整えよう

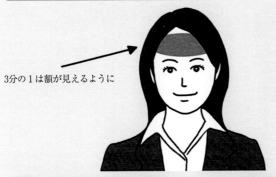

3分の1は額が見えるように

・男性も女性も眉が見える髪型が望ましい。3分の1は額が見えるように。額は知性と清潔感を伝える場所。男性の髪の長さは耳や襟にかからないように
・スーツで相手の前に立つときは，ボタンはすべて留める。男性の場合は下のボタンは外す

Training 02

おしゃれとの違いを明確に

・爪はできるだけ切りそろえる
・爪の中の汚れにも注意
・ジェルネイル，ネイルアートはNG

Training 03

足元にも気を配って

・女性の場合はパンプス，男性の場合は黒の紐靴が望ましい
・靴はこまめに汚れを落とし見栄えよく

姿勢にはその人の意欲が反映される。前向き，活動的な姿勢を表すにはどうしたらよいか，ポイントを確認しよう。

前向き,活動的な 姿勢を維持しよう

一直線と左右対称

正しい立ち姿として，耳，肩，腰，くるぶしを結んだ線が一直線に並んでいることが最大のポイントになる。そのラインが直線に近づくほど立ち姿がキレイに整っていることになる。また，"左右対称"というのもキレイな姿勢の要素のひとつになる。

Point

　姿勢は，身体と心の状態を反映するもの。そのため，良い姿勢でいることは，印象が清々しいだけでなく，健康で元気そうに見え，話しかけやすさにも繋がる。歩く姿勢，立つ姿勢，座る姿勢など，どの場面にも心身の健康状態が表れるもの。日頃から心身の健康状態に気を配り，フィジカルとメンタル両面の自己管理を心がけよう。

いますぐデキる

カンタンTraining

Training 01

キレイな歩き方を心がけよう

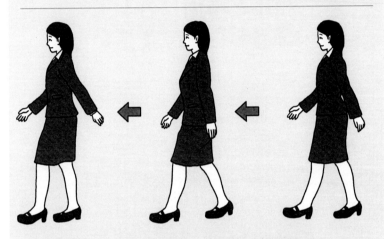

- 女性は1本の線上を，男性はそれよりも太い線上を沿うように歩く
- 一歩踏み出したときに前の足に体重を乗せるように，腰から動く
- 12時の方向につま先をもっていく

Training 02

前向きな気持ちを持とう

- 常に前向きな気持ちが姿勢を正す
- ポジティブ思考を心がけよう

言葉遣いの正しさはとは，場面にあった言葉を遣うということ。相手を気づかいながら，言葉を選ぶことで，より正しい言葉に近づいていく。

相手と場面に合わせた ふさわしい言葉遣いを

次の文は接客の場面でよくある間違えやすい敬語です。
それぞれの言い方は○×どちらでしょうか。

問1 「資料をご拝読いただきありがとうございます」

問2 「こちらのパンフレットはもういただかれましたか？」

問3 「恐れ入りますが，こちらの用紙にご記入してください」

問4 「申し訳ございませんが，来週，休ませていただきます」

問5 「先ほどの件，帰りましたら上司にご報告いたしますので」

Point

　ビジネスのシーンに敬語は欠くことができない。何度もやり取りをしていく中で，親しさの度合いによっては，あえてくだけた表現を用いることもあるが，「親しき仲にも礼儀あり」と言われるように，敬意や心づかいをおろそかにしてはいけないもの。相手に誤解されたり，相手の気分を壊すことのないように，相手や場面にふさわしい言葉遣いが大切になる。

問1 （×） ○正しい言い換え例

→ 「ご覧いただきありがとうございます」など

「拝読」は自分が「読む」意味の謙譲語なので，相手の行為に使うのは誤り。読むと見るは同義なため，多く，見るの尊敬語「ご覧になる」が用いられる。

問2 （×） ○正しい言い換え例

→ 「お持ちですか」「お渡ししましたでしょうか」 など

「いただく」は，食べる・飲む・もらうの謙譲語。「もらったかどうか」と聞きたいのだから，「おもらいになりましたか」と言えないこともないが，持っているかどうか，受け取ったかどうかという意味で「お持ちですか」などが使われることが多い。また，自分側が渡すような場合は，「お渡しする」を使って「お渡ししましたでしょうか」などの言い方に換えることもできる。

問3 （×） ○正しい言い換え例

→ 「恐れ入りますが，こちらの用紙にご記入ください」など

「ご記入する」の「お（ご）〜する」は謙譲語の形。相手の行為を謙譲語で表すことになるため誤り。「して」を取り除いて「ご記入ください」か，和語に言い換えて「お書きください」とする。ほかにも「お書き／ご記入・いただけますでしょうか・願います」などの表現もある。

問4 （△）

有給休暇を取る場合や，弔事等で休むような場面で，用いられることも多い。「休ませていただく」ということで一見丁寧に響くが，「来週休むと自分で休みを決めている」という勝手な表現にも受け取られかねない言葉だ。ここは同じ「させていただく」を用いても，相手の都合をうかがう言い方に換えて「○○がございまして，申し訳ございませんが，休みをいただいてもよろしいでしょうか」などの言い換えが好ましい。

問5 （×）○正しい言い換え例

→ 「上司に報告いたします」

「ご報告いたします」は，ソトの人との会話で使うとするならば誤り。「ご報告いたします」の「お・ご〜いたす」は，「お・ご〜する」と「〜いたす」という2つの敬語を含む言葉。そのうちの「お・ご〜する」は，主語である自分を低めて相手＝上司を高める働きをもつ表現（謙譲語Ⅰ）。一方「〜いたす」は，主語の私を低めて，話の聞き手に対して丁重に述べる働きをもつ表現（謙譲語Ⅱ 丁重語）。「お・ご〜する」も「〜いたす」も同じ謙譲語であるため紛らわしいが，主語を低める（謙譲）という働きは同じでも，行為の相手を高める働きがあるかないかという点に違いがあるといえる。

敬語は正しく使用することで，相手の印象を大きく変えることができる。尊敬語，謙譲語の区別をはっきりつけて，誤った用法で話すことのないように気をつけよう。

言葉の使い方が
マナーを表す!

■よく使われる尊敬語の形　「言う・話す・説明する」の例

専用の尊敬語型	おっしゃる
～れる・～られる型	言われる・話される・説明される
お（ご）～になる型	お話しになる・ご説明になる
お（ご）～なさる型	お話しなさる・ご説明なさる

■よく使われる謙譲語の形　「言う・話す・説明する」の例

専用の謙譲語型	申す・申し上げる
お（ご）～する型	お話しする・ご説明する
お（ご）～いたす型	お話しいたします・ご説明いたします

Point

　同じ尊敬語・謙譲語でも，よく使われる代表的な形がある。ここではその一例をあげてみた。敬語の使い方に迷ったときなどは，まずはこの形を思い出すことで，大抵の語はこの型にはめ込むことができる。同じ言葉を用いたほうがよりわかりやすいといえるので，同義に使われる「言う・話す・説明する」を例に考えてみよう。

　ほかにも「お話しくださる」や「お話しいただく」「お元気でいらっしゃる」などの形もあるが，まずは表の中の形を見直そう。

■よく使う動詞の尊敬語・謙譲語
なお，尊敬語の中の「言われる」などの「れる・られる」を付けた形は省力している。

基本	尊敬語（相手側）	謙譲語（自分側）
会う	お会いになる	お目にかかる・お会いする
言う	おっしゃる	申し上げる・申す
行く・来る	いらっしゃる おいでになる お見えになる お越しになる お出かけになる	伺う・参る お伺いする・参上する
いる	いらっしゃる・おいでになる	おる
思う	お思いになる	存じる
借りる	お借りになる	拝借する・お借りする
聞く	お聞きになる	拝聴する 拝聞する お伺いする・伺う お聞きする
知る	ご存じ（知っているという意で）	存じ上げる・存じる
する	なさる	いたす
食べる・飲む	召し上がる・お召し上がりになる お飲みになる	いただく・頂戴する
見る	ご覧になる	拝見する
読む	お読みになる	拝読する

「お伺いする」「お召し上がりになる」などは，「伺う」「召し上がる」自体が敬語なので
「二重敬語」ですが，慣習として定着しており間違いではないもの。

- Point -

　上記の「敬語表」は，よく使うと思われる動詞をそれぞれ尊敬語・謙譲語
で表したもの。このように大体の言葉は型にあてはめることができる。言
葉の中には「お（ご）」が付かないものもあるが，その場合でも「〜なさる」
を使って，「スピーチなさる」や「運営なさる」などと言うことができる。ま
た，表では，「言う」の尊敬語「言われる」の例は省いているが，れる・ら
れる型の「言われる」よりも「おっしゃる」「お話しになる」「お話しなさる」
などの言い方のほうが，より敬意も高く，言葉としても何となく響きが落ち
着くといった印象を受けるものとなる。

会話は相手があってのこと。いかなる場合でも，相手に対する心くばりを忘れないことが，会話をスムーズに進めるためのコツになる。

心くばりを添えるひと言で
言葉の印象が変わる!

　相手に何かを頼んだり，また相手の依頼を断ったり，相手の抗議に対して反論したりする場面では，いきなり自分の意見や用件を切り出すのではなく，場面に合わせて心くばりを伝えるひと言を添えてから本題に移ると，響きがやわらかくなり，こちらの意向も伝えやすくなる。俗にこれは「クッション言葉」と呼ばれている。(右表参照)

Point

　ビジネスの場面で，相手と話したり手紙やメールを送る際には，何か依頼事があってという場合が多いもの。その場合に「ちょっとお願いなんですが…」では，ふだんの会話と変わりがないものになってしまう。そこを「突然のお願いで恐れ入りますが」「急にご無理を申しまして」「こちらの勝手で恐縮に存じますが」「折り入ってお願いしたいことがございまして」などの一言を添えることで，直接的なきつい感じが和らぐだけでなく，「申し訳ないのだけれど，もしもそうしていただくことができればありがたい」という，相手への配慮や願いの気持ちがより強まる。このような前置きの言葉もうまく用いて，言葉に心くばりを添えよう。

相手の意向を尋ねる場合	「よろしければ」「お差し支えなければ」
	「ご都合がよろしければ」「もしお時間がありましたら」
	「もしお嫌いでなければ」「ご興味がおありでしたら」
相手に面倒を かけてしまうような場合	「お手数をおかけしますが」
	「ご面倒をおかけしますが」
	「お手を煩わせまして恐縮ですが」
	「お忙しい時に申し訳ございませんが」
	「お時間を割いていただき申し訳ありませんが」
	「貴重なお時間を頂戴し恐縮ですが」
自分の都合を 述べるような場合	「こちらの勝手で恐縮ですが」
	「こちらの都合（ばかり）で申し訳ないのですが」
	「私どもの都合ばかりを申しまして，まことに申し訳なく存じますが」
	「ご無理を申し上げまして恐縮ですが」
急な話をもちかけた場合	「突然のお願いで恐れ入りますが」
	「急にご無理を申しまして」
	「もっと早くにご相談申し上げるべきところでございましたが」
	「差し迫ってのことでまことに申し訳ございませんが」
何度もお願いする場合	「たびたびお手数をおかけしまして恐縮に存じますが」
	「重ね重ね恐縮に存じますが」
	「何度もお手を煩わせまして申し訳ございませんが」
	「ご面倒をおかけしてばかりで，まことに申し訳ございませんが」
難しいお願いをする場合	「ご無理を承知でお願いしたいのですが」
	「たいへん申し上げにくいのですが」
	「折り入ってお願いしたいことがございまして」
あまり親しくない相手に お願いする場合	「ぶしつけなお願いで恐縮ですが」
	「ぶしつけながら」
	「まことに厚かましいお願いでございますが」
相手の提案・誘いを断る場合	「申し訳ございませんが」
	「（まことに）残念ながら」
	「せっかくのご依頼ではございますが」
	「たいへん恐縮ですが」
	「身に余るお言葉ですが」
	「まことに失礼とは存じますが」
	「たいへん心苦しいのですが」
	「お引き受けしたいのはやまやまですが」
問い合わせの場合	「つかぬことをうかがいますが」
	「突然のお尋ねで恐縮ですが」

ここでは文章の書き方における，一般的な敬称について言及している。はがき，手紙，メール等，通信手段はさまざま。それぞれの特性をふまえて有効活用しよう。

相手の気持ちになって
見やすく美しく書こう

■敬称のいろいろ

敬称	使う場面	例
様	職名・役職のない個人	（例）飯田知子様／ご担当者様／経理部長　佐藤一夫様
殿	職名・組織名・役職のある個人(公用文など)	（例）人事部長殿／教育委員会殿／田中四郎殿
先生	職名・役職のない個人	（例）松井裕子先生
御中	企業・団体・官公庁などの組織	（例）○○株式会社御中
各位	複数あてに同一文書を出すとき	（例）お客様各位／会員各位

Point

　封筒・はがきの表書き・裏書きは縦書きが基本だが，洋封筒で親しい人にあてる場合は，横書きでも問題ない。いずれにせよ，定まった位置に，丁寧な文字でバランス良く，正確に記すことが大切。特に相手の住所や名前を乱雑な文字で書くのは，配達の際の間違いを引き起こすだけでなく，受け取る側に不快な思いをさせる。相手の気持ちになって，見やすく美しく書くよう心がけよう。

■各通信手段の長所と短所

	長所	短所	用途
封書	・封を開けなければ本人以外の目に触れることがない。 ・丁寧な印象を受ける。	・多量の資料・画像送付には不向き。 ・相手に届くまで時間がかかる。	・儀礼的な文書(礼状・わび状など) ・目上の人あての文書 ・重要な書類 ・他人に内容を読まれたくない文書
はがき・カード	・封書よりも気軽にやり取りできる。 ・年賀状や季節の便り，旅先からの連絡など絵はがきとしても楽しむことができる。	・封に入っていないため，第三者の目に触れることがある。 ・中身が見えるので，改まった礼状やわび状，こみ入った内容には不向き。 ・相手に届くまで時間がかかる。	・通知状　　・案内状 ・送り状　　・旅先からの便り ・各種お祝い　・お礼 ・季節の挨拶
FAX	・手書きの図やイラストを文章といっしょに送れる。 ・すぐに届く。 ・控えが手元に残る。	・多量の資料の送付には不向き。 ・事務的な用途で使われることが多く，改まった内容の文書，初対面の人へは不向き。	・地図，イラストの入った文書 ・印刷物(本・雑誌など)
電話	・急ぎの連絡に便利。 ・相手の反応をすぐに確認できる。 ・直接声が聞けるので,安心感がある。	・連絡できる時間帯が制限される。 ・長々としたこみ入った内容は伝えづらい。	・緊急の用件 ・確実に用件を伝えたいとき
メール	・瞬時に届く。　・控えが残る。 ・コストが安い。 ・大容量の資料や画像をデータで送ることができる。 ・一度に大勢の人に送ることができる。 ・相手の居場所や状況を気にせず送れる。	・事務的な印象を与えるので，改まった礼状やわび状には不向き。 ・パソコンや携帯電話を持っていない人には送れない。 ・ウィルスなどへの対応が必要。	・データで送りたいとき ・ビジネス上の連絡

Point

　はがきは手軽で便利だが，おわびやお願い，格式を重んじる手紙には不向きとなる。この種の手紙は内容もこみ入ったものとなり，加えて丁寧な文章で書かなければならないので，数行で済むことはまず考えられない。また，封筒に入っていないため,他人の目に触れるという難点もある。このように，はがきにも長所と短所があるため，使う場面や相手によって，他の通信手段と使い分けることが必要となる。

　はがき以外にも，封書・電話・FAX・メールなど，現代ではさまざまな通信手段がある。上に示したように，それぞれ長所と短所があるので，特徴を知って用途によって上手に使い分けよう。

社会人のマナーとして，電話応対のスキルは必要不可欠。まずは失礼なく電話に出ることからはじめよう。積極性が重要だ。

相手の顔が見えない分
対応には細心の注意を

■電話をかける場合

①　○○先生に電話をする

×「私，□□社の××と言いますが，○○様はおられますでしょうか？」

○「**××と申しますが，○○様はいらっしゃいますか？**」

「おられますか」は「おる」を謙譲語として使うため，通常は相手がいるかどうかに関しては，「いらっしゃる」を使うのが一般的。

②　相手の状況を確かめる

×「こんにちは，××です，先日のですね…」

○「**××です，先日は有り難うございました，今お時間よろしいでしょうか？**」

相手が忙しくないかどうか，状況を聞いてから話を始めるのがマナー。また，やむを得ず夜間や早朝，休日などに電話をかける際は，「夜分（朝早く）に申し訳ございません」「お休みのところ恐れ入ります」などのお詫びの言葉もひと言添えて話す。

③　相手が不在，何時ごろ戻るかを聞く場合

×「戻りは何時ごろですか？」

○「**何時ごろお戻りになりますでしょうか？**」

「戻り」はそのままの言い方，相手にはきちんと尊敬語を使う。

④　また自分からかけることを伝える

×「そうですか，ではまたかけますので」

○「**それではまた後ほど（改めて）お電話させていただきます**」

戻る時間がわかる場合は，「またお戻りになりましたころにでも」「また午後にでも」などの表現もできる。

■電話を受ける場合

① 電話を取ったら

× 「はい，もしもし，○○（社名）ですが」

○ 「はい，○○（社名）でございます」

② 相手の名前を聞いて

× 「どうも，どうも」

○ 「いつもお世話になっております」

あいさつ言葉として定着している決まり文句ではあるが，日頃のお付き合いがあってこそ。あいさつ言葉もきちんと述べよう。「お世話様」という言葉も時折耳にするが，敬意が軽い言い方となる。適切な言葉を使い分けよう。

③ 相手が名乗らない

× 「どなたですか？」「どちらさまですか？」

○ 「失礼ですが，お名前をうかがってもよろしいでしょうか？」

名乗るのが基本だが，尋ねる態度も失礼にならないように適切な応対を心がけよう。

④ 電話番号や住所を教えてほしいと言われた場合

× 「はい，いいでしょうか？」　　　× 「メモのご用意は？」

○ 「はい，申し上げます，よろしいでしょうか？」

「メモのご用意は？」は，一見親切なようにも聞こえるが，尋ねる相手も用意していることがほとんど。押し付けがましくならない程度に。

⑤ 上司への取次を頼まれた場合

× 「はい，今代わります」　　　× 「○○部長ですね，お待ちください」

○ 「部長の○○でございますね，ただいま代わりますので，少々お待ちくださいませ」

○○部長という表現は，相手側の言い方となる。自分側を述べる場合は，「部長の○○」「○○」が適切。

Point

自分から電話をかける場合は，まずは自分の会社名や氏名を名乗るのがマナー。たとえ目的の相手が直接出た場合でも，電話では相手の様子が見えないことがほとんど。自分の勝手な判断で話し始めるのではなく，相手の都合を伺い，そのうえで話を始めるのが社会人として必要な気配りとなる。

デキるオトナをアピール

時候の挨拶

月	漢語調の表現 候，みぎりなどを付けて用いられます	口語調の表現
1月 (睦月)	初春・新春・頌春・小寒・大寒・厳寒	皆様におかれましては，よき初春をお迎えのこと存じます／厳しい寒さが続いております／珍しく暖かな寒の入りとなりました／大寒という言葉通りの厳しい寒さでございます
2月 (如月)	春寒・余寒・残寒・立春・梅花・向春	立春とは名ばかりの寒さ厳しい毎日でございます／梅の花もちらほらとふくらみ始め，春の訪れを感じる今日この頃です／春の訪れが待ち遠しいのごろでございます
3月 (弥生)	早春・浅春・春寒・春分・春暖	寒さもようやくゆるみ，日ましに春めいてまいりました／ひと雨ごとに春めいてまいりました／日増しに暖かさが加わってまいりました
4月 (卯月)	春暖・陽春・桜花・桜花爛漫	桜花爛漫の季節を迎えました／春光うららかな好季節となりました／花冷えとでも申しましょうか，何だか肌寒い日が続いております
5月 (皐月)	新緑・薫風・惜春・晩春・立夏・若葉	風薫るさわやかな季節を迎えました／木々の緑が目にまぶしいようでございます／目に青葉，山ほととぎす，初鰹の句も思い出される季節となりました
6月 (水無月)	梅雨・向暑・初夏・薄暑・麦秋	初夏の風もさわやかな毎日でございます／梅雨前線が近づいてまいりました／梅雨の晴れ間にのぞく青空は，まさに夏を思わせるようです
7月 (文月)	盛夏・大暑・炎暑・酷暑・猛暑	梅雨が明けたとたん，うだるような暑さが続いております／長い梅雨も明け，いよいよ本格的な夏がやってまいりました／風鈴の音がわずかに涼を運んでくれているようです
8月 (葉月)	残暑・晩夏・処暑・秋暑	立秋とはほんとうに名ばかりの厳しい暑さの毎日です／残暑たえがたい毎日でございます／朝夕はいくらかしのぎやすくなってまいりました
9月 (長月)	初秋・新秋・爽秋・新涼・清涼	九月に入りましてもなお，日差しの強い毎日です／暑さもやっとおとろえはじめたようでございます／残暑も去り，ずいぶんとしのぎやすくなってまいりました
10月 (神無月)	清秋・錦秋・秋涼・秋冷・寒露	秋風もさわやかな過ごしやすい季節となりました／街路樹の葉も日ごとに色を増しております／紅葉の便りの聞かれるころとなりました／秋深く，日増しに冷気も加わってまいりました
11月 (霜月)	晩秋・暮秋・霜降・初霜・向寒	立冬を迎え，まさに冬到来を感じる寒さです／木枯らしの季節になりました／日ごとに冷気が増すようでございます／朝夕はひときわ冷え込むようになりました
12月 (師走)	寒冷・初冬・師走・歳晩	師走を迎え，何かと慌ただしい日々をお過ごしのことと存じます／年の瀬も押しつまり，何かとお忙しくお過ごしのことと存じます／今年も残すところわずかとなりました，お忙しい毎日とお察しいたします

シチュエーション別会話例

シチュエーション1　　取引先との会話

「非常に素晴らしいお話で感心しました」→NG！

「感心する」は相手の立派な行為や，優れた技量などに心を動かされるという意味。意味としては間違いではないが，目上の人に用いると，偉そうに聞こえかねない表現。「感動しました」などに言い換えるほうが好ましい。

シチュエーション2　　子どもとの会話

「お母さんは，明日はいますか？」→NG！

たとえ子どもとの会話でも，子どもの年齢によっては，ある程度の敬語を使うほうが好ましい。「明日はいらっしゃいますか」では，むずかしすぎると感じるならば，「お出かけですか」などと表現することもできる。

シチュエーション3　　同僚との会話

「今，お暇ですか」→NG？

同じ立場同士なので，暇に「お」が付いた形で「お暇」ぐらいでも構わないともいえるが，「暇」というのは，するべきことも何もない時間という意味。そのため「お暇ですか」では，あまりにも直接的になってしまう。その意味では「手が空いている」→「空いていらっしゃる」→「お手透き」などに言い換えることで，やわらかく敬意も含んだ表現になる。

シチュエーション4　　上司との会話

「なるほどですね」→NG！

「なるほど」とは，相手の言葉を受けて，自分も同意見であることを表すため，相手の言葉・意見を自分が評価するというニュアンスも含まれている。そのため自分が評価して述べているという偉そうな表現にもなりかねない。同じ同意ならば，頷き「おっしゃる通りです」などの言葉のほうが誤解なく伝わる。

就活スケジュールシート

■年間スケジュールシート

1月	2月	3月	4月	5月	6月
企業関連スケジュール					
自己の行動計画					

就職活動をすすめるうえで，当然重要になってくるのは，自己のスケジュール管理だ。企業の選考スケジュールを把握することも大切だが，自分のペースで進めることになる自己分析や業界・企業研究，面接試験のトレーニング等の計画を立てることも忘れてはいけない。スケジュールシートに「記入」する作業を通して，短期・長期の両方の面から就職試験を考えるきっかけにしよう。

7月	8月	9月	10月	11月	12月
企業関連スケジュール					
自己の行動計画					

●情報提供のお願い●

　就職活動研究会では，就職活動に関する情報を募集していま
す。

　エントリーシートやグループディスカッション，面接，筆記
試験の内容等について情報をお寄せください。ご応募はメール
アドレス（edit@kyodo-s.jp）へお願いいたします。お送りくださ
いました方々には薄謝をさしあげます。

　ご協力よろしくお願いいたします。

会社別就活ハンドブックシリーズ

NTT ドコモの
就活ハンドブック

編　著	就職活動研究会
発　行	令和6年2月25日
発行者	小貫輝雄
発行所	協同出版株式会社

〒101-0054
東京都千代田区神田錦町2-5
電話　03-3295-1341
振替　東京00190-4-94061

印刷所　協同出版・POD工場

落丁・乱丁はお取り替えいたします

●2025年度版●
会社別就活ハンドブックシリーズ

【全111点】

運　輸

東日本旅客鉄道の就活ハンドブック	小田急電鉄の就活ハンドブック
東海旅客鉄道の就活ハンドブック	阪急阪神 HD の就活ハンドブック
西日本旅客鉄道の就活ハンドブック	商船三井の就活ハンドブック
東京地下鉄の就活ハンドブック	日本郵船の就活ハンドブック

機　械

三菱重工業の就活ハンドブック	浜松ホトニクスの就活ハンドブック
川崎重工業の就活ハンドブック	村田製作所の就活ハンドブック
IHI の就活ハンドブック	クボタの就活ハンドブック
島津製作所の就活ハンドブック	

金　融

三菱 UFJ 銀行の就活ハンドブック	野村證券の就活ハンドブック
三菱 UFJ 信託銀行の就活ハンドブック	りそなグループの就活ハンドブック
みずほ FG の就活ハンドブック	ふくおか FG の就活ハンドブック
三井住友銀行の就活ハンドブック	日本政策投資銀行の就活ハンドブック
三井住友信託銀行の就活ハンドブック	

建設・不動産

三菱地所の就活ハンドブック	鹿島建設の就活ハンドブック
三井不動産の就活ハンドブック	大成建設の就活ハンドブック
積水ハウスの就活ハンドブック	清水建設の就活ハンドブック
大和ハウス工業の就活ハンドブック	

資源・素材

旭旭化成グループの就活ハンドブック	関西電力の就活ハンドブック
東レの就活ハンドブック	日本製鉄の就活ハンドブック
ワコールの就活ハンドブック	中部電力の就活ハンドブック

九州電力の就活ハンドブック

自動車

トヨタ自動車の就活ハンドブック

デンソーの就活ハンドブック

本田技研工業の就活ハンドブック

日産自動車の就活ハンドブック

商　社

三菱商事の就活ハンドブック

伊藤忠商事の就活ハンドブック

住友商事の就活ハンドブック

双日の就活ハンドブック

丸紅の就活ハンドブック

豊田通商の就活ハンドブック

三井物産の就活ハンドブック

情報通信・IT

NTT データの就活ハンドブック

サイバーエージェントの就活ハンドブック

NTT ドコモの就活ハンドブック

LINE ヤフーの就活ハンドブック

野村総合研究所の就活ハンドブック

SCSK の就活ハンドブック

日本電信電話の就活ハンドブック

富士ソフトの就活ハンドブック

KDDI の就活ハンドブック

日本オラクルの就活ハンドブック

ソフトバンクの就活ハンドブック

GMO インターネットグループ

楽天の就活ハンドブック

オービックの就活ハンドブック

mixi の就活ハンドブック

DTS の就活ハンドブック

グリーの就活ハンドブック

TIS の就活ハンドブック

食品・飲料

サントリー HD の就活ハンドブック

日本たばこ産業 の就活ハンドブック

味の素の就活ハンドブック

日清食品グループの就活ハンドブック

キリン HD の就活ハンドブック

山崎製パンの就活ハンドブック

アサヒグループ HD の就活ハンドブック

キユーピーの就活ハンドブック

生活用品

資生堂の就活ハンドブック

武田薬品工業の就活ハンドブック

花王の就活ハンドブック

電気機器

三菱電機の就活ハンドブック	パナソニックの就活ハンドブック
ダイキン工業の就活ハンドブック	富士通の就活ハンドブック
ソニーの就活ハンドブック	キヤノンの就活ハンドブック
日立製作所の就活ハンドブック	京セラの就活ハンドブック
ＮＥＣの就活ハンドブック	オムロンの就活ハンドブック
富士フイルム HD の就活ハンドブック	キーエンスの就活ハンドブック

保　険

東京海上日動火災保険の就活ハンドブック	三井住友海上火災保険の就活ハンドブック
第一生命ホールディングスの就活ハンドブック	損保ジャパンの就活ハンドブック

メディア

日本印刷の就活ハンドブック	エイベックスの就活ハンドブック
博報堂 DY の就活ハンドブック	東宝の就活ハンドブック
TOPPAN ホールディングスの就活ハンドブック	

流通・小売

ニトリ HD の就活ハンドブック	ZOZO の就活ハンドブック
イオンの就活ハンドブック	

エンタメ・レジャー

オリエンタルランドの就活ハンドブック	任天堂の就活ハンドブック
アシックスの就活ハンドブック	カプコンの就活ハンドブック
バンダイナムコ HD の就活ハンドブック	セガサミー HD の就活ハンドブック
コナミグループの就活ハンドブック	タカラトミーの就活ハンドブック
スクウェア・エニックス HD の就活ハンドブック	

▼会社別就活ハンドブックシリーズにつきましては，協同出版のホームページからもご注文ができます。詳細は下記のサイトでご確認下さい。

https://kyodo-s.jp/examination_company